Silvia Christine Strauch

Narzissten enttarnen

Silvia Christine Strauch

NARZISSTEN ENTTARNEN

Love Bombing, Silent Treatment, Mind Spinning, Ghosting, Gaslighting, Hoovering und vieles mehr. Wie Sie sich in der Liebe, im Beruf und in der Familie vor Narzissten schützen können

dielus edition
www.dielus.com

Dieses Buch ist auch als E-Book erhältlich (ISBN 978-3-9820125-3-7)

www.dielus.com

www.facebook.com/dielusedition

www.instagram.com/dielusedition

GEPRÜFTER BUCHINHALT
- Angebene Autorin hat das Buch vollständig selbst verfasst.
- Buchtext wurde auf Plagiate überprüft.
- Fachliche Aussagen durch Dritte begutachtet.

HERAUSGEBER DIESES BUCHS IST EIN BUCHVERLAG
- Professionelle und hochwertige Buchproduktion.
- Ausreichender quantitativer sowie qualitativer Lesestoff.
- Buch durchlief ein Fachlektorat sowie ein Schlusskorrektorat.

VERLAGS-VERÖFFENTLICHUNG

VERIFIZIERTE AUTORIN
- Autorenangaben, Foto, Laufbahn und sonstige Informationen über die Autorin entsprechen den tatsächlichen Gegebenheiten.
- Autorin verfügt über anerkannte Berufsabschlüsse oder fachspezifische Zertifikate.
- Autorin gilt als ausgewiesene Expertin.

FSC www.fsc.org MIX Papier aus verantwortungsvollen Quellen FSC® C083411

NARZISSTEN ENTTARNEN, Silvia Christine Strauch

Taschenbuchausgabe, 2. Auflage ©2022 dielus edition Leipzig.

Impressum siehe: www.dielus.com

Bild Cover: ©iStock.com/Matriyoshka

Illustrationen Inhalt: ©iStock.com/nessa2

ISBN: 978-3-9820125-2-0

Made and printed in Germany

Bibliografische Information der Deutschen Bibliothek: Die Deutsche Bibliothek verzeichnet diese Publikation in der Deutschen Nationalbibliografie; detaillierte bibliografische Daten sind im Internet abrufbar über https://portal.d-nb.de

INHALT

HAFTUNGSAUSSCHLUSS

Wie in jeder Wissenschaft gibt es auch in der Psychologie ständig neue Erkenntnisse. Sowohl durch die Forschung als auch durch klinische Erfahrungen ändern sich die Behandlungen und Therapien fortlaufend.

Die in diesem Buch enthaltenen Ratschläge, Hinweise, Übungen oder sonstige Inhalte werden von der Autorin und dem Verlag nach bestem Wissen und Gewissen publiziert.

Ansprüche an die Autorin oder an den Verlag auf Ersatz bei jeglichem mittelbaren und unmittelbaren Schaden sind ausgeschlossen, denn dieses Buch gibt keine Anleitung zur Selbsttherapie.

Alle aufgeführten Aussagen der Autorin erheben keinen Anspruch auf Allgemeingültigkeit. Sie sollen Leser oder sonstige Betroffene lediglich informieren und müssen im Einzelfall individuell angepasst werden.

Dieses Buch kann eine fachärztliche, psychologische oder therapeutische Behandlung nicht ersetzen.

VORWORT

Dieses Buch bezieht sich auf die Auswirkungen eines krankhaften Narzissmus und darauf, wie man solche narzisstischen Liebes- und Energieräuber enttarnen und sich vor ihnen schützen kann. Es geht um das Leid, das die Umgebung eines krankhaften Narzissten ertragen muss, der mit viel Charme und manipulativen Handlungen agiert, ohne Gewissen und Mitgefühl für seine Mitmenschen, ohne Schuldbewusstsein oder Reuegefühl, und der dabei oftmals ein wahres Schlachtfeld hinterlässt.

Es geht darum, krankhaften Narzissmus zu erkennen, natürlich ohne eine psychiatrische Diagnose zu stellen. Für die Diagnose einer krankhaften Persönlichkeitsstörung sind ausschließlich Psychiater oder erfahrene Psychotherapeuten zuständig.

Wie äußert sich krankhafter Narzissmus innerhalb der Partnerschaft, der Familie oder im Beruf, wie kann ich damit umgehen, wie kann ich solche Situationen vermeiden? Wie kann ich mich schützen? Oder auch: Wie schaffe ich es, mich von einem krankhaften Narzissten zu trennen?

Ich werde viele Merkmale aufzählen, an denen man einen krankhaften Narzissten erkennen kann. Bei einer echten Persönlichkeitsstörung sind viele dieser Merkmale vorhanden, das heißt aber im Umkehrschluss nicht, dass jede Person, die ein paar solcher Merkmale aufweist, auch unbedingt ein krankhafter Narzisst sein muss. Im Verlauf des Buches wird es sehr klar, wann ein wirklich krankhafter Narzissmus vorliegt und wie sehr die Mitmenschen dadurch geschädigt, missbraucht werden.

Ich wünsche mir, dass immer mehr Menschen ein Bewusstsein für narzisstischen Missbrauch entwickeln und diesen in ihrem Umfeld erkennen, damit den betroffenen Personen geholfen werden kann. Viele Opfer sind derartig verstrickt in die Machenschaften eines krankhaften Narzissten, dass sie gar nicht merken, in welcher Lage sie sich befinden und wie sie mit sich umgehen lassen. Ich möchte Wege aufzeigen, wie sich Opfer besser schützen können.

Grundsätzlich beruht dieses Werk nicht nur auf meiner privaten Lebenserfahrung – die eingeschobenen persönlichen Berichte sind alle von mir selbst erlebt, beziehungsweise habe ich sie im engsten Bekanntenkreis beobachtet –, sondern auch auf meiner jahrzehntelangen Erfahrung im Personal Coaching als Außendienst- und Regionalleiterin einer Firma für mikrobiologische Therapie zur modernen Immunmodulation sowie mehrerer Laboratorien mit ganzheitlichem Ansatz. Meine Ausbildung zur Kommunikationstrainerin, basierend vor allem auf den Grundlagen der Transaktionsanalyse nach *Eric Berne* und *Thomas A. Harris* hat mich dem Verständnis von Narzissmus immer nähergebracht.

Medizinisch gesehen habe ich mich mehr als 40 Jahre lang hauptsächlich mit dem Themengebiet der Komplementärmedizin beschäftigt, war aber auch in der Psychiatrie und bei niedergelassenen Fachärzten für Neurologie, bei Psychiatern und Psychologen tätig. Nicht zuletzt hat mich meine Arbeit für *Prof. D. Steinberger*, eine bekannte Humangenetikerin, bezüglich Genetik und vor allen Dingen Epigenetik geprägt.

In meinem Buch verzichte ich auf die explizit männliche und weibliche Anrede. Schreibe ich vom „Narzissten“, so ist selbstverständlich sowohl der weibliche als auch der männliche Narzisst gemeint.

Silvia Christine Strauch

Senden Sie Feedback und Anregungen gerne an:
hochsensibel@gmx.com

Kapitel 1

WAS IST NARZISSMUS ÜBERHAUPT?

Narziss ist in der griechischen Mythologie der schöne Sohn des Flussgottes *Kephissos* und der Wassernymphe *Leiriope*. Aufgrund seiner Schönheit wird Narziss von Jünglingen und Mädchen gleichermaßen umworben. Aber vor lauter Stolz auf die eigene Schönheit weist er alle ab. *Narziss* wird wegen dieses Verhaltens von der Göttin Nemesis mit unstillbarer Selbstliebe bestraft. Als er sich eines Tages über einen Teich beugt, um daraus zu trinken, sieht er sein Spiegelbild, allerdings ohne sich darin zu erkennen. Er verliebt sich in sein eigenes Spiegelbild und ertrinkt beim Versuch, dieses Spiegelbild zu umarmen.

Umgangssprachlich wird mit Narzissmus krankhafter Narzissmus gemeint.

Krankhafter Narzissmus ist ein abnormes Verhalten, eine Persönlichkeitsstörung, die eine übertriebene Selbstbezogenheit bezeichnet. Krankhafte Narzissten sind wahre Meister der Manipulation und suchen sich meist empathische Menschen aus, die das Gute im anderen sehen. Im Prinzip sind krankhafte Narzissten unsichere Menschen. Um sich selbst zu erhöhen, werten sie alles und jeden um sich herum ab. Keiner ist gut genug, keiner macht irgendetwas richtig, die ganze Welt stürzt für sie auf einen großen Abgrund zu. Krankhafte Narzissten haben kein Moralempfinden und leben in ihrer eigenen Realität, die keiner nachvollziehen kann. Menschen sind für sie nur das Mittel, um irgendetwas erreichen zu können. Dabei halten sie sich für etwas Besonderes, das heißt, ihr Auftreten ist selbstbewusst und dominant. Den Mitmenschen gegenüber sind sie rücksichtslos, und sie gehen über Leichen, um ihre Meinung durchzusetzen. Gefühle von anderen gelten für sie nichts, ihre eigenen Gefühle stehen über allem. Ein krankhafter Narzisst reagiert auf Kritik gekränkt und beleidigt, er ist auch überaus neidisch.

ALLTAG Er bringt mich zum Wahnsinn, er redet mich an die Wand, weil er recht behalten möchte. Ich fühle mich ihm hilflos ausgeliefert. Egal was ich sage, wie ich argumentiere, er beweist mir immer das Gegenteil und fühlt sich immer im Recht. Auch ich werde immer lauter. Als ich mir nicht mehr zu helfen weiß, stehe ich auf, gehe hinaus und knalle das erste Mal in meinem Leben die Tür hinter mir zu und höre dabei von ihm: „Wer brüllt, hat Unrecht!"

Der krankhafte Narzisst steht konstant unter Spannung, hat dabei eine aktive, lebendige Ausstrahlung – charismatisch eben –, hält aber andere Menschen gefühlsmäßig immer auf Distanz. Krankhafte Narzissten lügen, ohne rot zu werden, auch wenn man ihnen das Gegenteil beweisen kann. Sie schrecken nicht davor zurück, eine halbe Stunde später das Gegenteil vom vorher Gesagten zu behaupten. Der Partner wird auf jeden Fall herabgesetzt, wo es nur geht, womit sie versuchen, emotionale Kontrolle auszuüben. Ein krankhafter Narzisst überschreitet konstant die Grenzen seiner Mitmenschen, er vereinnahmt sie und nutzt sie aus.

Krankhafter Narzissmus ist eine Persönlichkeitsstörung.

Im Allgemeinen verstehen wir unter krankhaftem Narzissmus eine ausgeprägte Selbstverliebtheit. Der krankhafte Narzisst interessiert sich nicht für andere Menschen, außer er kann sie für sein eigenes Vorhaben ausnutzen. Letztendlich ist krankhafter Narzissmus eine Maske. Gefühlswelt und Selbstbild stimmen einfach nicht überein. Der offene Narzisst präsentiert sein Selbstbild unbedarft und aufdringlich seiner Umwelt, der verdeckte Narzisst, der zwar nach außen unsicher wirkt, lebt seinen Egowahn im Inneren allerdings ebenso. Der eine wie der andere lebt seine Fantasien auf Kosten seiner Mitmenschen aus.

ALLTAG

Während seiner Krebserkrankung lebt sich seine narzisstische Partnerin so richtig aus. Genau in denjenigen Momenten, in denen er am dringendsten Beistand, gerade von seiner Partnerin, gebraucht hätte, lässt sie ihn ihre Geringschätzung am meisten spüren, indem sie ihn erniedrigt, wo es nur geht. Das spitzt sich so weit zu, dass er schließlich keine Berührung mehr von ihr erträgt. Als es ihm endlich gesundheitlich wieder besser geht, leitet er umgehend die Trennung ein.

Der krankhafte Narzisst hat ständig Angst, nicht mehr bewundert zu werden. Neid und Gier bestimmen das Verhältnis zu anderen. Sein Verhalten ist ausbeutend und abhängig von der Bewunderung anderer. Leere und innere Langeweile führen zu diesem ausgeprägten Hunger nach Abwechslung und Spannung. Auch zu einer Tendenz zu Verschwörungstheorien kann es kommen, da er sich somit als Auserwählten sehen kann, als einen der wenigen, die diese Sachlage erkennen.

Er kann sich nicht für den Erfolg eines anderen freuen, mag dieser auch noch so klein sein. Die Aggressivität nimmt immer mehr zu, er sieht nur noch Feinde in seiner Umwelt und versucht, sie dementsprechend abzuwerten. Er ist unfähig, Dankbarkeit zu empfinden, denn er fühlt sich derartig wertvoll, dass jegliche Dankbarkeit unangebracht wäre. Er allein ist der verkannte Kämpfer für das Gute und erwartet überall eine bevorzugte Behandlung. Der krankhafte Narzisst zwingt anderen seine Herrschaft auf, und er versucht, sie festzuhalten, und trotzdem kann man ihm nicht nahekommen, er lässt es nicht zu – er fürchtet sich geradezu davor. Er versucht, allmächtig zu sein und sein Gegenüber in Zweifel- und Schuldgefühlen gefangen zu halten.

1.1 GESUNDER NARZISSMUS

Ein gesundes Selbstbewusstsein und ein gewisses Maß an Selbstliebe sind völlig normal. Auch der Drang, besser sein zu wollen als andere, ist eine verständliche Reaktion. Deshalb ist eine gewisse Ausprägung von Narzissmus durchaus gesund und für ein zufriedenes Leben auch notwendig. Jeder Mensch sollte sich selbst positiv darstellen und sich dementsprechend einzuschätzen wissen, allerdings mit einer positiven, ausgeglichenen Harmonie.

Auch eine gesunde Selbstverwirklichung und das Streben nach Anerkennung sind völlig normal und wünschenswert und sollten nicht mit Arroganz und Egoismus, geschweige denn mit Narzissmus verwechselt werden. Ebenso sind situationsbezogene, narzisstische Reaktionen bei ansonsten normalen Menschen nicht als krankhafter Narzissmus zu bezeichnen. So ist es als völlig normal anzusehen, wenn beispielsweise ein Fußballer nach einem Torerfolg mit weit ausgebreiteten Armen jubelnd über das Spielfeld läuft.

Damit ein Mensch eine stabile Persönlichkeit entwickeln kann, ist es notwendig, dass er Selbstvertrauen, Selbstachtung und Selbstbewusstsein aufbaut, seine eigenen Bedürfnisse empfindet und ein erfülltes Leben führen möchte. Ein Mensch mit einem gesunden Narzissmus behält sein Selbstwertgefühl auch dann, wenn er Niederlagen erleidet. Er geht mit solchen Situationen konstruktiv um und zeigt trotzdem eine weitgehend selbstbewusste Haltung, die aber keine Überheblichkeit aufweist.

Der normal sozialisierte Mensch wird schon vom bloßen Gedanken an Kritik berührt, er macht sich Gedanken darüber, was andere Menschen von ihm halten, und ist mit mehr oder weniger großen Zweifeln an seinem Selbstwertgefühl beschäftigt. Er versucht im Normalfall, alles richtig zu machen, überlegt und wird im Allgemeinen respektvoll und ehrlich mit seiner Umgebung umgehen. Dabei hat er nicht nur sein eigenes Wohl im Sinne, sondern auch das seiner Mitmenschen.

Bei einem gesunden Narzissmus sind Geben und Nehmen ausgeglichen, auch wenn ein gewisser Durchsetzungswille vorliegt. Jemand, der einen hohen Anspruch an seine Leistung und Performance hat, ist noch lange kein krankhafter Narzisst. Ohne gesunden Narzissmus gäbe es keinen Fortschritt auf der Welt. Eine ganz normale Wertschätzung der eigenen Person drückt sich auch darin aus, dass man sich ausreichend um sich selbst kümmert, denn nur dann kann man auch für andere Menschen da sein.

ALLTAG

Meine neue Bekanntschaft ist eine Quasselstrippe sondergleichen. Und zeitlich völlig unzuverlässig. Er ruft mich an, weil er unser Date versäumt hat. Ich arbeite in der Zwischenzeit als Bedienung in einem

Jagdkino, nicht weit von meinem Wohnort entfernt. Er kommt dort vorbei. Nüchtern ist er nicht mehr. Er trinkt weiter und mischt sich in eine Gruppe von Jägern ein, von denen er einen zu kennen meint. Danach nimmt er sich den Chef des Kinos zur Brust und fragt ihn nach der gesamten Anlage aus und lässt sich diese von ihm zeigen. Irgendwann, als er kaum noch gerade stehen kann, drücke ich ihm meine Hausschlüssel in die Hand und schicke ihn zu mir nach Hause.

1.2 NARZISSTISCHE PERSÖNLICHKEITSSTÖRUNG

Kaum ein seelisches Erscheinungsbild hat Psychiater, Psychologen und andere psychotherapeutisch Tätige, vor allem in den letzten Jahren, derartig fasziniert wie die narzisstische Persönlichkeitsstörung. Je nach Ausprägung reagiert das Umfeld verärgert und empört oder auch ratlos, und es entstehen durchaus kontroverse Diskussionen.

Generell handelt es sich um eine Persönlichkeitsstörung, wenn bei Menschen ganz bestimmte Interaktionsmuster und Wesenszüge vorliegen, die sich über Jahre hinweg nicht oder nur sehr wenig verändern. Sie wirken sich auf verschiedene Bereiche des Lebens, wie Gefühle, zwischenmenschliche Kontakte, Selbstkontrolle, Impulsivität, Wahrnehmung und Denkstrukturen, aus. Nimmt das Ausmaß an Narzissmus überhand, hat es krankhafte Züge, dann liegt eine tiefgreifende Störung der Persönlichkeit vor, und diese wird als narzisstische Persönlichkeitsstörung bezeichnet.

Einen Menschen mit einer narzisstischen Persönlichkeitsstörung zeichnet das Gefühl der Konkurrenz aus, er empfindet ein starkes Bedrohungsgefühl. Wer sich seiner selbst sicher ist, kann seinen Mitmenschen freundlich, aufgeschlossen und hilfreich entgegentreten. Dagegen erlebt der narzisstisch gestörte Mensch sein Umfeld als potenzielle Konkurrenz, also als Bedrohung. Seine größte Furcht besteht darin, mit seinen eigenen Unzulänglichkeiten und Schwächen bloßgestellt zu werden. Dies führt zu einer übersteigerten Empfindung von Kränkung, einem extrem niedrigen Selbstwertgefühl und dadurch zu einer Labilität, die bei angeblich erlittenen Demütigungen zu herben Rachegefühlen führen kann. Erschwerend kommt hinzu, dass ein solcher Mensch nicht verzeihen kann, also äußerst nachtragend ist.

In der Medizin gibt es zwei unterschiedliche Klassifizierungssysteme: das amerikanische DSM-IV (Diagnostic and Statistical Manual of Mental Disorders), ein Klassifizierungssystem für psychische Störungen, und das europäische ICD-10 (International Classification of Diseases) der Weltgesundheitsorganisation für medizinische Diagnosen.

Im DSM-IV-Cluster B ist die narzisstische Persönlichkeitsstörung mit unter anderen folgenden Merkmalen aufgeführt:

- Grandiosität, Übertreiben von eigenen Leistungen
- Fantasien von grenzenlosem Erfolg, Macht und Schönheit
- Überzeugung von der eigenen Einzigartigkeit
- exzessive Bewunderung ist vonnöten
- sehr hohes Anspruchsdenken
- Ausbeutung zwischenmenschlicher Beziehungen

- Mangel an Empathie
- extreme Neidgefühle
- gelebte Arroganz

Bezeichnend ist, dass krankhaft narzisstische Menschen keine Empathie aufweisen, sie können sich absolut nicht in andere Menschen hineinversetzen. Stattdessen zeigen sie eine extreme Selbstbewunderung und ein sehr übersteigertes Selbstbewusstsein. Dies, gepaart mit dem fehlenden Einfühlungsvermögen, macht es nahezu unmöglich, mit ihnen zusammenzuleben oder mit ihnen zu arbeiten.

Empathie bezeichnet die Fähigkeit, die Gefühle eines anderen Menschen nachempfinden zu können, das heißt, in der Lage zu sein, zu spüren, wie sich der andere fühlt.

Ob es einen Zusammenhang zwischen Narzissmus, Empathie und dem menschlichen Gehirn gibt, damit haben sich Forscher der Charité in Berlin auseinandergesetzt. Ihre These besagt, dass sich Narzissmus in denjenigen Regionen des Gehirns widerspiegeln kann, die für Empathie verantwortlich sind. Einige spezielle Hirnstrukturen, die mit der Steuerung von Empathie zu tun haben, sehen bei krankhaften Narzissten messbar anders aus. Dies scheint zu bestätigen, dass die entsprechenden Regionen bei ihnen meist unterentwickelt sind.[1]

ALLTAG

In der Zwischenzeit kommt er jeden Tag nach der Arbeit geladen nach Hause, ohne im Geringsten auf mich zu achten. Am Wochenende ist er mehr oder minder kurz bei Freunden und kommt angetrunken und aggressiv von dort zurück. Egal worüber ich mich mit ihm unterhalten möchte, es vergeht kein Tag, ohne dass er stundenlang mit mir streitet. Ich bin allmählich nervlich völlig am Ende. Er wirft mir sogar vor, dass ich fremdgehen würde. Sind wir gemeinsam unterwegs, so traue ich mich nicht einmal mehr, gute Bekannte normal zu begrüßen, ich scheue mich vor dem anschließenden Streit zu Hause. Wenn ich zu Hause bin und er kommt zur Tür herein, so gilt mein Blick als Erstes seinen Gesichtszügen, um zu erkennen, wie schlecht er gelaunt ist. Aber eigentlich ist es tagtäglich dasselbe: Er kümmert sich in keiner Weise mehr um mich oder mein Befinden.

Im Innersten fühlt sich der Narzisst allerdings unsicher. Er bemerkt sein mangelndes Selbstwertgefühl aber nicht und reagiert typischerweise überaus empfindlich und aggressiv auf ihm entgegengebrachte Kritik. Das narzisstische Verhalten wirkt sich nicht nur in Partnerschaften aus, sondern auch im Beruf, innerhalb der Familie und bei Freunden. Kurz gesagt, ist krankhafter Narzissmus eine Bündelung von extremen Minderwertigkeitskomplexen. Steigert sich der krankhafte Narzissmus bis zum bösartigen, so handelt es sich um den sogenannten malignen Narzissmus, der als eine Kombination aus einer narzisstischen Persönlichkeitsstörung und antisozialem Verhalten mit hohem Aggressionspotenzial sowie einer paranoiden Persönlichkeitsstörung bezeichnet werden kann.[2]

Zwischen 0,4 und 5,7 Prozent der Bevölkerung sind von einer narzisstischen Persönlichkeitsstörung betroffen.[3] 75 Prozent davon sind Männer.[4] Mit einer Gehirnstudie wollten die Forscher um *Emanuel Jauk* Hinweise finden, die auf Narzissmus deuten. Dafür baten sie zunächst 600 Leute zu einem Narzissmustest. Mithilfe der deutschen Version des „Narcissistic Personality Inventory“ wählten die Forscher daraufhin rund 40 Personen aus, von denen die eine Hälfte starke narzisstische Merkmale aufwies und die andere Hälfte kaum

Anzeichen für Narzissmus zeigte. Ähnlich wie beim Narzissmythos drehte sich das Experiment um die Frage: Wie reagieren Narzissten auf ein Selbstporträt? „Das Erkennen des eigenen Gesichts ist mehr als nur ein visuelles Wahrnehmen. Es ist auch ein Selbstbewertungsprozess", erklärt Jauk. Seine Annahme: Ist jemand von sich selbst überzeugt, werden beim Betrachten des Selbstporträts Gehirnregionen stimuliert, die auf Verlangen oder Genuss anspringen. Löst das Bild hingegen emotionale Konflikte oder negative Gefühle aus, zeigt sich Aktivität in anderen Hirnarealen. Diese Annahme überprüften die Forscher mittels funktioneller Magnetresonanztomografie. Bei der Auswertung der Gehirnbilder zeigten sich starke Unterschiede zwischen Männern und Frauen. Der Anblick des eigenen Gesichts löste bei den männlichen Narzissten stark negative Emotionen aus, auch wenn sie sich nach außen hin selbstbewusst und -verliebt gaben. Die Narzisstinnen hingegen reagierten auf das Foto ähnlich wie die nicht narzisstischen Teilnehmerinnen. Ihre Gehirnaufnahme zeigte normale Muster der Selbsterkennung. Jauk: „Frauen besitzen eine höhere emotionale Kompetenz, bauen sich dadurch leichter ein soziales Netz zur Absicherung auf und sind stressresistenter. Die Irritation durch das Selbstbild ist damit vielleicht nicht so groß." Diese Ergebnisse deuten darauf hin, dass sich Narzissmus bei Frauen und Männern auf unterschiedliche Weise ausprägt. Ähnliches wurde auch schon bei früheren Studien festgestellt. „Zusammengefasst lässt sich sagen, dass unsere Studie die Sichtweise von Narzissmus als ‚Selbstsucht' nicht unterstützt, sondern auf ein zugrunde liegendes negatives Selbstbild hinweist", so Jauk.[5]

Wie Wissenschaftler der Charité zeigen konnten, weisen Menschen, die in den alten Bundesländern Deutschlands aufgewachsen sind, höhere Narzissmuswerte auf als Menschen, die in den neuen Ländern sozialisiert wurden. Während zwischen 1949 und 1989 der Westen der Republik von einer eher individualistischen Kultur bestimmt war, war der Osten Deutschlands von einer kollektivistischen Ausrichtung geprägt. Das zeigt sich laut den Forschern im Selbstwertgefühl der Menschen und in der Ausprägung des Persönlichkeitsmerkmals Narzissmus. In der jungen Generation gleichen sich die Werte seit der deutschen Einheit an, betonen die Wissenschaftler. Was die Forscher noch herausgefunden haben: Im Osten des Landes ist das Selbstwertgefühl höher ausgeprägt als im Westen. Für ihre aktuelle Untersuchung haben die Forscher Daten aus einer anonymen Internetumfrage in der deutschen Bevölkerung herangezogen. Von den mehr als 1.000 befragten Personen stammten knapp 350 aus der ehemaligen DDR, 680 Studienteilnehmer waren in der alten Bundesrepublik aufgewachsen. Unterschieden wurde bei der Auswertung zwischen einem subklinischen, unterschwelligen Narzissmus, der zur Persönlichkeit gehört und oft als gesunder Narzissmus bezeichnet wird, und der pathologischen Selbstüberschätzung. Der Selbstwert der befragten Personen wurde mit einer in der Forschung anerkannten Selbstwertskala ermittelt.[6]

Soziale Netzwerke sind für Narzissten das ideale Medium, um sich zu präsentieren. Dementsprechend stark sind sie dort vertreten. Das zeigt eine neue Analyse zweier Psychologen aus Würzburg und Bamberg.[7]

Wenn man nun hochrechnet, wie viele Partner ein Mensch im Laufe seines Lebens hat, dann wird schnell klar, wie verbreitet der Missbrauch durch krankhaften Narzissmus sein muss. Vor allem, wenn man bedenkt, dass nicht nur der Lebenspartner der krankhafte Narzisst sein kann, sondern auch ein Elternteil, Kinder, ein Freund oder auch ein Mitarbeiter oder Chef.

Der krankhafte Narzisst hat starke Fantasien über Macht und Erfolg bis hin zur idealen Liebe – zu der er allerdings gar nicht fähig ist. Er benötigt die Bestätigung von außen, um sein eigenes Selbst zu stabilisieren. Wegen seiner fehlenden Empathie ist er andererseits nicht dazu in der Lage, stabile Beziehungen aufzubauen oder aufrechtzuerhalten. Eine Beziehung mit ihm besteht nur so lange, wie er sich bewundert fühlt. Fühlt er sich ignoriert, so wird er die Beziehung abbrechen. Je nachdem wie selbstbewusst das Umfeld eines krankhaften Narzissten ist, wird er es mehr oder weniger schnell „verbraucht“ haben, denn er lässt die Menschen sofort fallen, die bei seinem Spiel nicht mitmachen und sich die rücksichtslose und verletzende Behandlung nicht gefallen lassen.

ALLTAG

Ich lebe auf dem Land, hier kennt jeder jeden. Allmählich weiß auch jeder, dass ich mich von meinem Mann getrennt habe. Eben musste ich mir wieder mal einiges anhören: „Sie waren doch das Traumpaar! Ach, Ihr Mann ist immer so charmant, ach, das hätten wir aber nicht gedacht, und er ist immer so freundlich und zuvorkommend und sieht auch noch gut aus ...“

Ja, er ist der Traum aller Schwiegermütter, wenn er in der Öffentlichkeit auftritt. Wie er sich zu Hause benimmt, welche Beleidigungen und Anfeindungen ich hinnehmen musste, wie viele Lügengeschichten und Missachtung ich erlebt habe, das sieht die Öffentlichkeit nicht.

Zurückweisung wird vom krankhaften Narzissten als existenzielle Bedrohung wahrgenommen und kann früher oder später zu Depressionen bis hin zu Suizidgedanken führen. Dem krankhaften Narzissmus wird eine Suizidrate von 14 Prozent zugeschrieben.[8] Krankhafte Narzissten finden keinen Zugang zu ihrem wahren Selbst, sie orientieren sich nur nach äußerlichen Impulsen. Sie schaffen ein unantastbares Traumbild von sich, das sie mit allen Mitteln verteidigen, und sie sind unfähig zu einer Selbstreflexion. Aufgrund dieser Idealisierung spüren sie sich letztendlich nicht mehr.

Schwierig ist es, diese krankhafte narzisstische Persönlichkeitsstörung zu definieren, die Beurteilung kann selbst bei Fachleuten unterschiedlich ausfallen. Der krankhafte Narzisst leidet nicht nur unter fehlender Empathie bezüglich seiner Mitmenschen, sondern kann sich auch selbst nicht richtig wahrnehmen. Er hat keinen Zugang zu seinen Gefühlen, zu seinen Bedürfnissen, dadurch kann er sich selbst auch weder lieben noch sein Verhalten bewerten. Er ist auf Bestätigung von außen angewiesen. Während der entwickelte Mensch seine Energie aus sich selbst heraus bezieht, sucht der krankhafte Narzisst sie im Außen. Er verbraucht regelrecht seine Außenwelt, indem er sie aussaugt.

Der Übergang von der Persönlichkeitseigenschaft, also dem gesunden Narzissmus, zur narzisstischen Persönlichkeitsstörung, also dem krankhaften Narzissmus, ist fließend. Kommt es zu einer Steigerung bis zum malignen Narzissmus, so sehen diese Menschen in ihrer Paranoia in ihren Mitmenschen nur noch Feinde und rächen sich schnell und im Übermaß.

Krankhafter Narzissmus kann, wie bereits angedeutet, in verdeckter und in offener Form auftreten. Die verdeckte Form geht meist einher mit Depressionen und Ängsten, die offene Form wird buchstäblich exhibitionistisch ausgelebt und ist unübersehbar.[9]

ALLTAG

Er beschimpft mich als Lügnerin bezüglich meines Vorlebens, über das er überhaupt nichts wissen kann. Mal davon abgesehen, dass seine Aussagen völlig unrichtig sind. Er habe recherchieren lassen und festgestellt, dass ich ihn die ganze Zeit angelogen hätte. Er bringt mich ständig dazu, mich zu rechtfertigen. Selbst was ich schwarz auf weiß belegen kann, zweifelt er einfach an und bezeichnet alles als Fake. Er hört nicht auf, er beschimpft mich stundenlang. Ich habe keine Lust mehr, mich verteidigen zu müssen. Ich bin nervlich total am Ende.

Krankhafte Narzissten sind skrupellose Persönlichkeiten und setzen ihre selbstsüchtigen Ziele mit unbarmherziger Härte um. Sie üben Macht aus, lügen, verleugnen und verheimlichen und vieles mehr, in voller unvorstellbarer Bandbreite. Damit zeigen sie stark antisoziales Verhalten.

Krankhafter Narzissmus zeigt sich in einem vielfältigen Erscheinungsbild.

Leider sind die Auswirkungen eines Missbrauchs durch krankhafte Narzissten nicht ausreichend dokumentiert. Die meisten Studien beziehen sich auf den Narzissten selbst, nicht aber darauf, welche negative Wirkung dieser auf seine Opfer haben kann. Narzisstischer Missbrauch kann beim Opfer zu erheblichen gesundheitlichen und auch mentalen Problemen führen, die noch Jahre nach der Beziehung anhalten können. Nicht selten kommt es sogar zu einer posttraumatischen Belastungsstörung.

ALLTAG

Er beschwert sich mal wieder über die Handynutzung seiner Umgebung, besser gesagt, der ganzen Menschheit. Er schimpft und tobt und schiebt alles

Elend dieser Welt auf die Nutzung des Handys. Ob alt oder jung – denn selbst ältere Jahrgänge vergreifen sich in der Zwischenzeit an Handys –, die Menschheit verblöde durch diese Errungenschaft und eigentlich gehöre die Nutzung strikt verboten! Dazu kommt der Spruch, dass er sowieso lieber vor 10.000 Jahren gelebt hätte, damals war die Welt viel besser, und sie hätte auf dem damaligen Stand stehen bleiben sollen. Wie schade, dass er nicht damals gelebt hat, dann wäre die heutige Gesellschaft von ihm verschont geblieben. Er hört nicht zu, er geht auf keine Anmerkung ein, er will keine andere Meinung hören. Jegliche Diskussion ist zwecklos.

Narzissmus in seiner negativen Form der narzisstischen Persönlichkeitsstörung gehört zu den wissenschaftlich interessantesten, allerdings im zwischenmenschlichen Bereich auch zu den problematischsten Auffälligkeiten, sowohl für den Betroffenen als auch für sein Umfeld.

Wenn im weiteren Verlauf des Buches vom Narzissten die Rede ist, so ist immer ein Mensch mit einer narzisstischen Persönlichkeitsstörung gemeint.

1.3 WIE ERKENNE ICH EINEN NARZISSTEN?

Es gibt diverse Persönlichkeitsstörungen. Man kann davon ausgehen, dass jeder zehnte Mensch unter irgendeiner Störung seiner Persönlichkeit leidet. Somit liegt es nahe, Narzissmus mit anderen Störungen zu verwechseln, da zum Teil gleiche Merkmale vorliegen.[10]

Ein Narzisst, insbesondere ein verdeckter Narzisst, wird leicht depressiv, meist im Wechsel mit wütend, wenn er seine Meinung nicht durchsetzen kann. Auch ein an Depression erkrankter Mensch zeigt dieses Erscheinungsbild, besonders derjenige mit einer bipolaren Störung, die auch manisch-depressiv genannt wird. Bei ihr wechseln sich manische Phasen mit depressiven ab. Während der manischen Phase ist der Mensch voller Energie und übertrieben glücklich, als wolle er die Welt aus den Angeln heben. Viele bekannte Künstler beispielsweise schufen in ihrer manischen Phase große Kunstwerke. Auf diese Phasen folgen stark depressive Stimmungen.

Auch Soziopathen, also Menschen mit einer dissozialen oder soziopathischen Persönlichkeitsstörung, zeigen ähnliche Verhaltensweisen wie Narzissten. Man vermutet bei ihnen, dass sie aufgrund einer veränderten Arbeitsweise des Frontallappens im Gehirn die Folgen ihres Handelns nicht abzuwägen wissen. Sie reagieren impulsiv und aggressiv, was bei Narzissten seltener vorkommt. Schwierigkeiten mit dem empathischen Einfühlungsvermögen haben beide.[11]

Auch bei der Borderline-Persönlichkeitsstörung kommt es zu einer ganzen Reihe von ähnlichen Verhaltensmustern wie beim Narzissmus. Instabile zwischenmenschliche Beziehungen, eine gestörte Selbstwahrnehmung und Stimmungswechsel sind bei beiden Formen zu beobachten. Ein Borderliner zeigt allerdings ein aggressiveres Verhalten als der Narzisst, andererseits bereut er anschließend seine Vorgehensweise. Ein Narzisst kontrolliert den anderen, zeigt aber keine Reue.[12]

Nicht jede Person, die sich im landläufigen Sinn narzisstisch benimmt, ist auch ein Narzisst.

Narzissten glauben in einer einzigartigen Weise an sich und keinen anderen und fühlen sich außerordentlich wichtig. Um diese Wichtigkeit anderen Menschen zu vermitteln, übertreiben sie im Übermaß ihr Tun und ihre Talente und erwarten vom anderen, in entsprechender Weise anerkannt zu werden. Aber sie sind chronisch unzufrieden mit sich und ihrem Leben. Sie versuchen, allen zu beweisen, dass die Welt schlecht ist und sie gut sind.

Kritik, auch konstruktive Kritik ist nicht nur nicht erwünscht, sondern untersagt, sonst müssten sie sich mit der überzogenen Vorstellung ihres eigenen Selbstbildes auseinandersetzen. Stattdessen erwarten sie von jedem anhaltende Bewunderung.

ALLTAG

Er macht mir Vorwürfe, dass ich ihn nicht verstehen würde. Warum eigentlich? Es war nur ein klitzekleiner, konstruktiver Lösungsvorschlag, der auf der Hand lag. Genau genommen habe ich nur vorgeschlagen, er solle zum Zahnarzt gehen, als er tagelang über Zahnschmerzen klagte. Aber für ihn habe ich prinzipiell immer unrecht.

Der Narzisst hat ein sehr hohes Anspruchsdenken und erwartet, dass andere Menschen sich danach richten. Andere Menschen sind für ihn allerdings nur Mittel zum Zweck, er beutet sie nach Strich und Faden aus, ist allerdings gleichzeitig neidisch auf sie. Er zeigt kein Mitgefühl, er lässt sich auf Gefühle anderer nicht ein, erkennt sie nicht, will sie auch nicht erkennen und schon gar nicht sich in sie hineinversetzen.

Ein Narzisst versteht sein Gegenüber nicht und unternimmt auch nichts, um es zu verstehen.

Narzissten sind erstaunlich beliebt, sie werden meist bewundert. Die Menschen fühlen sich von ihrer Aura angezogen, weil sie glauben, eine außergewöhnliche Person vor sich zu haben. Da sie sehr kontaktfreudig sind, fällt es ihnen leicht, mit den Leuten ins Gespräch zu kommen, wobei sie darauf achten, sich mit Leuten zu umgeben, die sie bewundern, aber nicht anzweifeln. Darauf würden sie gekränkt und beleidigt reagieren, was sogar zu Wutanfällen und zu Rachegelüsten führen kann. Narzissten sind äußerst nachtragend und versessen auf Rache, was durchaus gefährlich werden kann.

Offen tragen sie ihren Verdienst, auch materielle Güter, zur Schau und wollen damit beeindrucken. Auf der anderen Seite wird sich ein Narzisst emotional nie weit vorwagen, dazu ist er nicht in der Lage, er achtet auf Distanz, dabei erniedrigt er andere Menschen, um sich selbst besser zu fühlen und gleichzeitig einen gewissen Abstand zu wahren.

Narzissten verhalten sich ständig übergriffig, in dem Sinne, dass sie sich konstant in Dinge einmischen, die sie nichts angehen. Sie vertreten ihre Meinung vehement, auch wenn sie nicht gefragt werden, und sind freigebig mit ihren Ratschlägen, die aufgrund ihres mangelnden Einfühlungsvermögens auf den anderen in keiner Weise zutreffen. Und sie sind zutiefst beleidigt, wenn man ihren Vorschlägen nicht nachkommt.

Narzissten wissen ständig alles besser.

Andererseits hören Narzissten nicht zu. Zum großen Teil täuschen sie ein Zuhören nicht einmal vor. Sie fallen einem ins Wort und reden bei irgendeinem anderen Thema weiter, das mit dem davor Gesagten nichts zu tun hat. Oder sie reagieren einfach nicht auf das Gesagte, weder mit Zustimmung noch mit Ablehnung oder auch nur einem „Ah ja". Spricht man einen Narzissten darauf an, wird er antworten, er habe selbstverständlich alles gehört, er höre immer alles. Geht man weiter und fragt ihn, warum er keinen Kommentar dazu abgibt, wird er sagen, dass er dies nicht für notwendig erachte, oder er ist sogar so ehrlich und sagt einem ins Gesicht, dass ihn das Erzählte nicht interessiere.

ALLTAG

Er sitzt am Tisch, ich stehe daneben, ich habe gerade mit meiner Schwester telefoniert. Er schaut mich fragend an. Ich sage: „Mein Schwager hat eine Herzattacke gehabt." Er antwortet sofort: „Ich gehe morgen auf die Jagd." Ich: „Hast du gehört, was ich gerade gesagt habe?" Er: „Ja, aber das interessiert mich nicht, ich habe genug von Krankheiten!"

Ein Narzisst ist in seinen Augen völlig fehlerfrei, läuft etwas nicht nach seinen Vorstellungen, so wird er die Schuld einem anderen in die Schuhe schieben. Er ist überhaupt besonders gut darin, in anderen Menschen Schuldgefühle zu erzeugen, damit verunsichert er sie und bringt sie umgehend zum Schweigen. Er will nur hoch gelobt werden.

Der Narzisst ist ein wahrer Schauspieler, aber wenn wir ihn intensiv beobachten und seine Körpersprache zu lesen wissen, dann können wir ihn enttarnen. Auch Lügner teilen sich durch nonverbale Signale mit, man muss nur lernen, diese zu lesen. Ein häufiges Augenzwinkern oder ein Sich-an-die-Nase-Greifen sind typische Anzeichen für eine Schwindelei.

Der Narzisst paart sein dominantes Auftreten mit einem unnahbaren und kühlen Verhalten. Nach außen hin reagiert er durchaus stark emotional, vor allem wenn er sich gekränkt fühlt. Dabei ist ihm sein Gegenüber gleichgültig, er achtet und betont nur seine eigenen angeblichen Gefühle.

ALLTAG

Wir vergleichen Steuerregelungen in Österreich und Deutschland und kommen dabei auf die gemeinsame Veranlagung beziehungsweise das Ehegattensplitting, das die Alleinverdienerehe in Deutschland bevorzugt. Daraufhin flippt er aus, rennt durch die Wohnung, schreit und tobt und äußert dabei, dass Ehefrauen selbstverständlich zu arbeiten hätten, und will sich nicht mehr beruhigen. Nach einigen vergeblichen Versuchen, ihn wieder auf das ursprüngliche Thema zu bringen, gebe ich auf und schaue mir das Theater fassungslos an.

Seine charismatische Ausstrahlung ist gepaart mit klaren Körperformen, die aktiv und kraftvoll wirken, dabei aber aufgrund der eigenen Zerrissenheit oft einen asymmetrischen Eindruck machen. Geist, Gefühl und Seele sind nicht aufeinander abgestimmt. So wirkt, wenn man genauer hinschaut, auch sein Äußeres. In seinem Verhalten verrät er sich mit seinen unlogischen, sprunghaften Reaktionen, die nicht zueinanderpassen, die einfach nicht stimmig sind. Letztendlich macht er einen disharmonischen Eindruck.

Der Narzisst besitzt ein hohes Maß an Charisma, wirkt aber nicht authentisch.

Narzissten sind gefangen in ihrer eigenen Realität, die kein anderer mit ihnen teilen kann. Ihre Meinung über die eigene Unfehlbarkeit kann die Ebene des Größenwahns erreichen. Wegen ihres extremen Auftretens kommt es dazu, dass irgendwann kein Mensch mehr widerspricht, um der Auseinandersetzung zu entgehen, und so sieht sich der Narzisst in seiner Art und Weise bestärkt. Achten sollte man auch auf den Augenausdruck, der selten zum Ausdruck des Mundes passt. Der Narzisst kann nicht aus dem Herzen heraus lächeln oder lachen, es wird immer falsch und berechnend wirken.

ALLTAG

Er ist der Beste. Er macht die beste Arbeit im Job, alle anderen vertrödeln nur ihre Zeit. Er ist der beste Jäger unter seinen Jagdgenossen, ohne ihn geht nichts. Er ist für alle Menschen auf dieser Welt unverzichtbar. Jeder andere macht ständig alles verkehrt. Diese Aussagen muss ich mir mehrmals die Woche anhören.

Betritt der Narzisst den Raum, so wird sich meistens die Aufmerksamkeit sofort auf ihn richten, die Menschen sind fixiert auf ihn, nicht immer nur im positiven Sinne. Aber es kann sich kaum jemand diesem Kraftfeld entziehen. Trotzdem versteht er es, keinen an sich herankommen zu lassen und die anderen mit seinem Verhalten einzuschüchtern.

Sein selbstbewusstes Auftreten imponiert wie auch seine aufrechte Körperhaltung und die meist schnellen, zum Teil unberechenbaren Bewegungen. Der Kopf ist hoch erhoben und das Kinn vorgestreckt, er stellt mit seiner Körperhaltung seine Kraft zur Schau. Man kann es auch als Imponiergehabe bezeichnen, das arrogant wirkt. Mit seinen kraftvollen Bewegungen nimmt er Raum ein und bewegt sich wie auf einer Bühne.

ALLTAG

Er ist Jäger. Ich habe viele Jäger in der Bekanntschaft und bin diesbezüglich nicht völlig unbedarft. Weiß ich über etwas nicht Bescheid, so frage ich allerdings gerne.

Warum ein Hirsch sein Geweih jährlich abwirft, ist auch unter Fachleuten nicht wirklich bekannt. Aber was macht man eigentlich mit den abgeworfenen Geweihen? Man frage seinen narzisstischen Partner danach ... Ich bekomme auch eine Antwort. Es sei nun dahingestellt, ob man noch mehr außer Knöpfe aus dem Geweih machen kann, bezeichnend ist die Art seiner Antwort: Stimme, Gestik und Mimik drücken aufs Höchste Verachtung darüber aus, wie man so etwas nicht wissen kann. Ich bin selbstbewusst genug, das nicht an mich herankommen zu lassen, das nächste Mal werde ich trotzdem googeln.

Wendet er sich von seinem Publikum ab, so signalisiert er Desinteresse, das er im Übermaß und häufig zum Ausdruck bringt, bevor er, ohne auf seine Umwelt einzugehen, sein eigenes Thema zur Sprache bringt. Dabei wirft er geringschätzige Blicke um sich, um damit zu bedeuten, dass allein seine Themen von Interesse sind.

Der Narzisst liebt einen theatralischen Auftritt.

Die eigene Unsicherheit des Narzissten führt dazu, dass er anderen Personen gegenüber übertrieben kritisch ist und alle um sich herum herabwürdigt. Er projiziert damit seine eigene Schwäche auf die anderen. Fühlt er sich verletzt, so kann er Scham, Verlegenheit und das Gefühl der Demütigung verspüren, ebenso aber auch ein großes Gefühl von Aggressivität.

Meist ist es ein ewiges Auf und Ab der Gefühle, entweder ist er von irgendetwas viel zu überschwänglich begeistert oder eben zu Tode betrübt. Eine Normalität, eine Mittellage gibt es nicht für ihn. Seine Feindseligkeit bringt er mit Entwertung, Wutausbrüchen und aggressivem Verhalten zum Ausdruck oder auch mit Neid und Misstrauen.

ALLTAG

Er will unbedingt meine Familie kennenlernen. Meine Mutter lebt fast vier Fahrstunden entfernt und ist krank. Ich habe sie seit einiger Zeit nicht mehr besucht, und ich habe vor, alleine hinzufahren. Er ist beleidigt. Wir könnten nach dem Besuch auch weiterfahren zu Freunden von mir, die auch weiter entfernt wohnen, meint er, er will unbedingt mein früheres Umfeld kennenlernen. Er unterstellt mir, dass ich ihn keinem meiner Verwandtschaft oder Bekanntschaft vorstellen will. Er beschimpft und beleidigt mich und macht mir Vorwürfe und ist keiner Argumentation zugänglich, er hört mir nicht einmal zu. Wir sind erst seit wenigen Wochen zusammen, und meine Bekannten wohnen alle mehrere Fahrstunden entfernt. Er wirft mir vor, ihn vor anderen zu verstecken.

Der normale Mensch ist selten misstrauisch. Er kann sich eigentlich nicht vorstellen, dass der andere etwas tut, zu dem er sich selbst nicht in der Lage fühlt. Allerdings sollte man öfter seinem Bauchgefühl vertrauen, das einen meist warnt. Bei einem Narzissten, der, vor allem wenn man ihn kennenlernt, ja ein ganz normales Aussehen und Verhalten hat, ergibt sich dennoch das Gefühl: Irgendetwas stimmt hier nicht, auch wenn ich nicht weiß, was. Ist er uninteressiert, dann schaut er einem nicht in die Augen und wendet den Blick ab. Andererseits kann es sein, dass er einen unüblich lange anstarrt, ohne irgendetwas zu sagen. Spricht man ihn darauf an, dann behauptet er, man wäre unsicher. Er beherrscht die üblichen Kommunikationsregeln nicht und übertritt ständig Grenzen.

Auf der einen Seite wirkt der Narzisst, wenn er möchte, charmant und witzig, auf der anderen Seite aalglatt und oberflächlich. Beobachtet man ihn genau, stellt man fest, dass sein ganzes Auftreten gespielt wirkt und der Text wie auswendig gelernt erscheint. Er sieht seine Mitmenschen nur als Objekte an und nicht als Personen, die Emotionen haben. In dieser Art spricht er auch von Freunden oder seiner Familie. Dennoch wirkt er nicht nur kalt und gefühllos, sondern er ist auch zu kurz andauernden dramatischen, aber flachen Gefühlsausbrüchen in der Lage.

Achten Sie bei einem Gespräch auf die Gestik. Stimmt die Gestik mit dem Gesagten überein? Auch hier können Sie sich auf Ihr Bauchgefühl verlassen. Vage Bewegungen, die nichts mit dem Gesagten zu tun haben, deuten auf Wortfindungsschwierigkeiten hin. Dies trifft bei Narzissten im Besonderen auf emotionale Themen zu. Ein Narzisst empfindet die emotionale Bedeutung seiner Worte nicht, sie haben für ihn höchstens theoretischen, aber keinen gefühlsmäßigen Wert. Er kann zu einem potenziellen Partner von Anfang an „Ich liebe dich" sagen, da er darunter etwas anderes versteht, er die eigentliche Bedeutung dieser Worte nicht erfassen kann.

Vertrauen Sie auf Ihre Intuition.

Eigenartigerweise ist die Wortwahl der Narzissten oftmals sehr ähnlich, als ob sie einen verkleinerten Wortschatz hätten. Sie wiederholen sich häufig. Dabei werten sie gerne frühere Partner wie auch frühere Freunde ab. Leider sind diese Merkwürdigkeiten im Ausdruck derartig subtil, dass sie nicht genügend auffallen. Dazu kommt, dass der Narzisst eine grandiose Show abzieht, wodurch man auf solche Kleinigkeiten nicht mehr achtet.

Der klassische Ausspruch eines Narzissten ist: „Ich bin der Letzte, der dich zu etwas zwingt, aber ich erwarte, dass ich das bekomme, was ich will!"

Klare Anzeichen dafür, dass jemand ein Narzisst ist, sind schwierig zu definieren. Leichter kann es fallen, wenn man die Frage umkehrt und nach den Anzeichen in sich selbst fragt. Es ist das Gefühl, vom Gegenüber hingerissen zu sein, das Gefühl der totalen Akzeptanz dessen, was man ist, das der märchenhaften Verführung. Treten solche Gefühle auf, ist es sehr schwer, sich gegen diese zu wehren. Warum auch? Schön wie sie sind und nicht zuletzt einen selbst so positiv darstellend. Dennoch sind derartige Gefühle Warnsignale. Es gibt nämlich keine Märchengestalten in der Wirklichkeit. Fühlen wir uns auf diese Weise unbewusst angesprochen, so ist der Narzisst nicht weit.

Die andere, nicht zu unterschätzende Möglichkeit, ist, den anderen einfach zu fragen, ob er sich als Narzisst bezeichnen würde und wie er sich selbst einschätzt auf einer Skala von, sagen wir einmal, eins bis neun. Oftmals funktioniert das aufgrund der Natur des Narzissten. Je narzisstischer eine Persönlichkeit ist, desto eher wird sie dieser Aussage zustimmen. Die Betroffenen leugnen ihren Narzissmus nämlich nicht, weil sie ihn nicht als unerwünschte Persönlichkeitsstruktur sehen. Sie finden sich einfach nur gut und völlig in Ordnung. Warum sollten sie leugnen, dass sie sich toll finden?

CHECKLISTE:

- Übergeht er andere bei Entscheidungen?
- Redet er respektlos und abfällig über andere Menschen?
- Äußert er Freude darüber, andere Menschen übervorteilt zu haben?
- Spricht er teure Empfehlungen aus, egal ob es um die Speisekarte oder die Automarke geht?
- Sieht er sich als die einzige Person, die seinen Job erledigen kann?

- Geht er davon aus, dass Sie immer für ihn da sind?
- Ist er der Meinung, prinzipiell die besseren Freunde zu haben als Sie?
- Reagiert er schnell aggressiv, wenn ihm etwas nicht passt?
- Straft er Menschen, die ihm nicht behagen, mit Missachtung?
- Reagiert er neidisch?
- Lässt er andere Meinungen nicht gelten?
- Vermittelt er anderen Menschen das Gefühl, minderwertig zu sein?
- Mischt er sich in Ihre Angelegenheiten ein, und gibt er Ihnen sehr häufig gute Ratschläge?

1.4 NARZISSMUS UND STRAFTATEN

Man vermutet, dass Narzissten seltener für ihre Taten zur Rechenschaft gezogen werden als andere Menschen. Wahrscheinlich liegt dies daran, dass sie unverfroren lügen, was das Zeug hält, und ohne Skrupel andere Menschen beschuldigen, verleumden oder sie sonst irgendwie unter Druck setzen. Sie sehen die Schuld immer beim anderen und wissen dies auch so zu vermitteln. Nur wenn sie zu sehr über die Stränge schlagen, kann es vorkommen, dass sie Fehler machen und man ihnen auf die Schliche kommt.

Leider kann es zu Familiendramen und damit verbundenen Beziehungstaten kommen. Gewaltanwendungen der unterschiedlichsten Art, sexuelle Nötigung, Bedrohung und Stalking kommen viel zu oft vor. Dabei sind die Opfer meist Frauen. Allerdings möchte ich nicht verschweigen, dass Gewalt gegen Männer immer mehr zunimmt. Deliktspezifisch steht hier Stalking an erster Stelle, gefolgt von diversen Gewaltanwendungen.

ALLTAG

Er erzählt mir, welcher Jagdkollege während der Schonzeit ein Reh erlegt hat. Er war zwar nicht mit dabei, aber er weiß genau, dass der Kollege so etwas häufig macht. Er findet dies sehr verwerflich, obwohl er sich selbst nicht an die Regel hält. Kurz darauf erzählt er mir, dass er nicht krankhaft eifersüchtig sei und dass er nicht stalken würde, ganz im Gegensatz zu seinen Freunden. Warum erzählt er mir das? In wenigen Wochen werde ich es wissen – zumindest bezüglich der krankhaften Eifersucht und des Stalkings …

Unvorstellbar, dass es zwischen zwei Menschen, die sich anscheinend einmal geliebt haben, zu schaurigen Gewalttaten kommen kann. Natürlich ist daran nicht immer Narzissmus schuld, aber sehr oft spielt er eine zentrale Rolle. Fühlt sich ein Narzisst gekränkt, so ist er zu vielem fähig, da er sich in seinem Selbstbild erschüttert sieht. Verstärkt wird diese fehlende Impulskontrolle von Alkohol- oder Drogenmissbrauch. Am ehesten kommt es zu Gewalttaten, wenn sich eine Beziehung aufzulösen droht und der eine Partner auf den anderen fixiert ist. Der Narzisst schiebt die Schuld an dieser Situation seinem Partner zu und ist keinem vernünftigen Gespräch zugänglich.

Ein Narzisst übernimmt prinzipiell keine Schuld.

Auch psychischer Druck ist Gewalt. Mancher Narzisst ist darüber hinaus zu schwersten Körperverletzungen fähig, oder er bringt den Partner mit seinem Verhalten dazu, Hand an sich selbst zu legen.

ALLTAG

Mein bester Freund war Schweißer von Beruf. Ein durch und durch ehrlicher Mensch, der sein letztes Hemd für einen Bekannten gab. Er verdiente mit viel Arbeit wenig Geld und war nebenberuflich künstlerisch tätig. Er hatte ein „von" in seinem Namen. Seine erste Ehefrau zog mit seinem besten Freund und Nachbarn von dannen. Es folgten wenige, kurze Beziehungen, und er schaltete eine Kontaktanzeige. Auf diese hin meldete sich seine Traumfrau. Groß, schlank, lange blonde Haare, gutes Benehmen – kaum zu glauben, dass sie sich für ihn interessierte.

Mein Freund schwebte im siebten Himmel, es dauerte nicht lange, bis seine Traumfrau bei ihm einzog. Daraufhin nahm das Chaos seinen Anfang. Er wohnte in einem gemieteten Häuschen, einem Altbau, auf einfache Art und Weise renoviert, kein Luxus. Dafür hatte er Nebengebäude und einen Stall mit angrenzender Koppel für seine zwei Pferde. Das war Madame nicht gut genug. Im Übrigen brachte sie eine verzogene, halbwüchsige Tochter mit. Arbeiten konnte sie leider nicht, da sie ständig Rückenprobleme hatte. Diese gesundheitlichen Probleme hielten sie auch von anderer Arbeit im Haus oder Stall ab. Dafür war sie allerdings medikamentenabhängig, und mein Freund fing an, ihr ihren Stoff zu besorgen. Mal Beruhigungsmittel, mal Aufputschmittel oder auch Schmerzmittel.

Sie behandelte ihn mit Zuckerbrot und Peitsche, es dauerte nicht lange, bis er geradezu abhängig von ihr war. Seine Mutter lebte in seinem Elternhaus und dazu gehörten ihr noch einige landwirtschaftliche Grundstücke. Er war der einzige künftige Erbe, und so bat er seine Mutter, ein paar der Grundstücke zu verkaufen, damit er seiner Traumfrau ein besseres Leben bieten konnte.

Er kaufte ein wunderschönes älteres Häuschen in einem Dorf, in Ortsrandlage, mit Stallungen und Koppeln, legte einen Reitplatz an und renovierte nach der Arbeit immer weiter das Haus. Es wurde geheiratet, und er adoptierte die Tochter seiner Frau. Seine Frau besaß früher Pferde, eigenartigerweise hatte sie aber nur theoretisches Interesse an den Pferden meines Freundes, sie waren ihr nicht edel genug. Ihre Tochter war pferdebegeistert, und sie freute sich über diese Anlage vor der Haustür. Auch ihr waren die vorhandenen Pferde nicht gut genug, und so wurde ein echtes amerikanisches Quarter Horse gekauft, und sie fuhr regelmäßig in den Nachbarort, um bei einem bekannten Trainer Reitunterricht zu nehmen.

Mein Freund erkrankte in der Zwischenzeit an Hodenkrebs, und eine lange Zeit mit Therapie und Genesung folgte. Während dieser Zeit wurde er von seiner Frau auf das Schlimmste beschimpft und gedemütigt, anstatt dass er Zuspruch und Trost erfuhr. Trotzdem kümmerte er sich um sein Testament und darum, dass im Falle seines Todes seine Frau bestens versorgt wäre.

Die Tochter hatte die gleichen narzisstischen Züge wie ihre Mutter, und so wurde mein Freund von beiden Frauen terrorisiert und immer mehr unter Druck gesetzt. In der Zwischenzeit starb die Mutter meines Freundes, und er erbte das Elternhaus mit den restlichen Grundstücken. Nun stand wieder Geld zur Verfügung, und die zwei Frauen wollten unbedingt einen richtigen Reiterhof, auf dem die Tochter irgendwann selbst Reitunterricht geben sollte. Da ein Hof in solch einer Größe nicht gerade billig ist, wurde nach langer Suche ein Hof in Niederbayern auf dem Land gekauft. Das Renovieren ging von vorne los. Zeit genug hatte er, da mein Freund dort auf dem Land keinen Job als Schweißer fand und nur hier und da bei Leiharbeitsfirmen arbeiten konnte. Die Tochter konsumierte in der Zwischenzeit Drogen und trieb sich in Discos mit russischen Drogenhändlern herum.

Das Geld wurde immer weniger, der Aufenthalt auf dem Land gefiel den zwei Damen auch nicht sonderlich. Um den Stall mit den Pferden kümmerte sich nur noch mein Freund, und die zwei Frauen kamen auf die Idee, nach Portugal auszuwandern. Der renovierte Hof war mittlerweile wesentlich mehr wert als zum Kaufzeitpunkt, und in Portugal sollte das Leben preisgünstiger sein. Am besten an die Algarve, denn am Meer lebt es sich besonders schön. Keiner sprach davon, dass man zwar als Schweißer in Portugal eventuell Arbeit finden könnte, dies allerdings zu einem Hungerlohn. Mal davon abgesehen, dass eine Übersiedlung nach Portugal, mit inzwischen wieder nur noch zwei Pferden, auch nicht billig ist.

Also übersiedelte man nach Portugal, erst mal zur Miete. Das führte dazu, dass auf dem Konto meines Freundes ein höherer sechsstelliger Betrag zur Verfügung stand. Seine Frau überzeugte ihn, über die Hälfte davon auf ihr Konto zu überweisen. Eigenartigerweise beteiligte sie sich nicht an den laufenden Ausgaben, und so wurde der Kontostand meines Freundes immer niedriger. Seiner Frau gefiel das gemietete Häuschen nicht, man zog in ein größeres um, sie war auch immer häufiger nicht zu Hause, auch die Tochter trieb sich irgendwo herum, keiner wusste, wo. Bis auf das wenige Einkommen aus ein paar Gelegenheitsarbeiten kam auch kein Geld ins Haus.

Trotzdem schaffte es die Frau meines Freundes, ihn davon zu überzeugen, die letzten 80.000 Euro, die er besaß, auf das Konto ihrer Tochter zu überweisen. Selbstredend hatte er keinen Zugriff darauf. Mal davon abgesehen, dass seine Frau das Geld auf ihrem Konto längst unter die Leute gebracht hatte.

Mein Freund hatte im Laufe dieser Zeit mehrmals Suizidgedanken, ließ sich aber durch unsere Gespräche und den Kontakt, den wir hielten, immer wieder davon abbringen. Er wusste schon lange weder ein noch aus, fühlte sich auf der anderen Seite aber total abhängig von seiner Frau, von ihren Liebesbeweisen, die allerdings immer seltener wurden. Er hatte immer das Gefühl, er müsse ihr mehr bieten, er müsse nur mehr aushalten können, dann ...

Und dann kam der Zeitpunkt, da ging es nicht mehr weiter. Seine Frau war seit Wochen nicht mehr zu Hause gewesen, die Tochter lebte ihr eigenes Leben und hatte sein letztes Geld auf dem Konto. Und somit zog er die letzte Konsequenz, mit der er schon häufiger geliebäugelt hatte: Er hängte sich, als Westernreiter und Cowboyfreund, ganz stilgerecht auf. Ich hatte ihn bis zuletzt am Telefon. Es war mir mehr als klar, dass ich ihn nicht von seinem Vorhaben abhalten konnte, aber in einem letzten Freundschaftsdienst war ich bei ihm, wenn auch nur am Telefon, aber das bis zuletzt. Narzisstische Gewaltanwendung kann töten, auf die unterschiedlichste Art.

Intelligente Narzissten, die gesellschaftliche Regeln missachten, können in den unterschiedlichsten Geschäftsbereichen erfolgreich sein, wie zum Beispiel als Ärzte, Anwälte, Manager oder auch beim Militär. Sie agieren häufig am Rande der Legalität, und selbst wenn sie diese Grenze überschreiten, werden sie strafrechtlich oft nicht verfolgt, da sie es schaffen, eine normale Fassade aufrechtzuerhalten und ihren Willen durchzusetzen.

Hochstapler im ärztlichen Bereich bleiben dank ihrer gekonnten Lügen und ihres fachmännischen Auftretens oft lange Zeit unentdeckt. Werden sie dennoch irgendwann ertappt, zeigen sie keinerlei Schuldbewusstsein. Betrügerische Anlageberatung und zweifelhafte Geschäftspraktiken werden selten erkannt und deshalb auch nicht verfolgt.

Laut Psychiater *Reinhard Haller* führte die Universität St. Gallen wirtschaftspsychologische Untersuchungen durch, die die Profile von psychopathisch veranlagten Verbrechern und Börsenmaklern verglichen. Es fanden sich kaum Unterschiede. Beide Gruppen sind in einem überdurchschnittlichen Maß rücksichtslos, risikobereit, verantwortungslos, haben einen Mangel an Gefühlen und agieren manipulativ. Das brachte eine recht breite Forschung über Narzissmus und Führungsverhalten in Gang.[13]

Selbst Misshandlungen innerhalb der Familie werden selten zur Anzeige gebracht, da sich die Ehefrau die Schuld gibt.

Ein Narzisst hat kein Unrechtsbewusstsein.

Der Narzisst folgt nur seinen eigenen Regeln, die darauf ausgerichtet sind, seine Ziele zu erreichen, unabhängig vom Wohle seiner Mitmenschen. Er agiert sozusagen ohne Gewissen, deshalb ist es ihm nicht möglich, in gesellschaftlicher Harmonie mit anderen zusammenzuleben. Regeln und Erwartungen der Gesellschaft hält er für lästig und unnötig, sie behindern ihn nur bei der Erfüllung seiner Wünsche.

Immer mehr Verbrechen scheinen nicht nur auf schwierige soziale Umstände zurückzuführen zu sein, sondern auf eine entsprechende Persönlichkeitsstruktur des Täters. Dem Täter macht es einfach Spaß, sich über Regeln und Vorschriften hinwegzusetzen und ohne Rücksicht auf Verluste seinen egozentrischen Wünschen und Bedürfnissen nachzukommen. Ohne Hemmungen wird jede Situation zu den eigenen Gunsten ausgenutzt und keine Gelegenheit ungenutzt gelassen, um ans Ziel zu kommen, egal auf welchem Weg, egal wer dadurch geschädigt wird.

In der Arbeit mit forensisch-psychiatrischen Patienten und Straftätern kommt man um eine Auseinandersetzung mit den Phänomenen der Lüge und der Täuschung nicht herum. Dies betrifft die Kriterien eins, drei und sechs der narzisstischen Persönlichkeitsstörung (DSM-IV-TR: 301.81). Aufgrund des übertriebenen Selbstwertgefühls werden eigene Leistungen und Fähigkeiten überbetont; es herrscht die Überzeugung vor, besonders und einzigartig zu sein und nur von Leuten verstanden zu werden, die ebenfalls etwas Besonderes sind und eine hohe Position innehaben; zwischenmenschliche Beziehungen werden ausgenutzt, um mithilfe anderer die eigenen Ziele zu erreichen.[14]

Gewalttätige Übergriffe und Einschüchterungen sind gängige Methoden, um zum Ziel zu gelangen, vor allem wenn der Narzisst sich zurückgesetzt, frustriert oder verärgert fühlt. Dabei reagiert er gefühllos und kaltblütig, egal welche Gewalt er ausübt, sie ist letztendlich unpersönlich, da ihm der emotionale Tiefgang fehlt. Das Streben nach Macht und Kontrolle steht im Vordergrund. Der Narzisst versteht theoretisch die rationalen Spielregeln der Gesellschaft, allerdings nicht die emotionalen, moralischen Grundsätze.

In der forensischen Psychiatrie überwiegen die Männer in den extremen Bereichen des Narzissmus, wesentlich mehr als bei den konventionellen Fällen von Narzissmus in der Praxis. Männer, auch einige wenige Frauen, die grausam zu ihren Ehepartnern und Kindern sind, repräsentieren eine übliche Variante von Narzissmus, vor allem in Fällen von Sorgerechtsstreitigkeiten. Es gibt auch Straftäter, die ihren Ehepartner wegen einer Lebensversicherung oder eines angeblichen Geliebten umbringen.[15]

1.5

URSACHEN: VERERBUNG UND UMWELTFAKTOREN

Es wird vermutet, dass beim Auftreten einer narzisstischen Störung solche genetischen Faktoren eine Rolle spielen, die zu einer besonderen Sensitivität des Belohnungssystems im Gehirn und zu dem Wunsch nach ständiger Aktivierung dieses Systems führen.[16]

Es gibt allerdings kein bestimmtes Gen für eine narzisstische Störung, sie hat vielmehr epigenetische Ursachen. Epigenetik bedeutet, dass Gene durch äußere Einflüsse an- oder abgeschaltet werden. Das heißt, die epigenetische Regulation ist von Umwelteinflüssen abhängig. Subtile Umweltfaktoren haben demnach Zugriff auf unsere Gene. Die neuere Forschung belegt, dass die Entstehung von Krankheiten, aber auch die Veränderung von Persönlichkeitsmerkmalen epigenetisch beeinflusst werden.[17]

Psychoanalytiker gehen davon aus, dass narzisstische Personen in ihrer Kindheit zu wenig Anerkennung und Liebe erhalten haben, vielleicht aber dennoch im Mittelpunkt standen. Einerseits zu wenig Anerkennung, andererseits Überforderung können dazu führen, dass das Kind anfängt, ständig seine eigenen Leistungen zu betonen, um Bestätigung seiner Umwelt einzufordern. Eine Bezugsperson, die aufgrund von Depression oder einer anderen Erkrankung nicht in der Lage ist, die emotionalen Bedürfnisse ihres Kindes zu erfüllen, leistet einem Narzissmus sicherlich Vorschub. Dabei entwickelt sich beim Kind eine verdeckte Wut, die dazu führt, andere auszunutzen und für sich einzunehmen. Wegen einer mangelnden Empathiefähigkeit kommt es dann zu unbefriedigenden zwischenmenschlichen Beziehungen.[18]

Die kognitive Verhaltenstheorie geht davon aus, dass das Kind zu sehr in den Himmel gehoben wurde, indem seine Leistungen und Talente übertrieben positiv dargestellt wurden. Dadurch kann es zu dem Selbstbild kommen, etwas überaus Besonderes zu sein. Vor allem dann, wenn Herzlichkeit und Güte zu Hause fehlten und stattdessen übertriebenes Lob und Bewunderung vorherrschten. Letztendlich geht es um emotionale Vernachlässigung. Ein solches Kind weiß auch im Erwachsenenalter nicht, was Liebe und Zuneigung bedeuten, und hat noch nie erlebt, wie sich Erfolg wirklich anfühlt.[19]

Gleichgültig ob das Kind ignoriert oder zu sehr verwöhnt wird, es lernt dabei nicht, mit den eigenen Emotionen umzugehen, sondern es erfährt diese nur von außen. Das heißt, das Kind erhält zu wenig Aufmerksamkeit. In dieser Hinsicht am stärksten geprägt werden Kinder im Alter von vier bis sechs Jahren.

Die Entstehung und die Ausprägung von Narzissmus haben viele Faktoren.

Am wichtigsten ist es sicherlich, dass der Mensch in seiner Kindheit ein gesundes Selbstwertgefühl und auch Individualität entwickeln kann und dass ihn seine Bezugsperson Liebe und Aufmerksamkeit spüren lässt. Nur wenn das Kind sich von seiner Umgebung geliebt und akzeptiert fühlt, kann es auch eine eigene Akzeptanz entwickeln und sich selbst lieben. Kinder, denen es daran fehlt, die für gute Leistungen keine gerechte Belohnung erhalten und überdies an einem ständigen Mangel an elterlicher Fürsorge und Aufmerksamkeit leiden, entwickeln sehr schnell psychische Störungen.

Für ein Kind sind Liebe und Fürsorge überlebensnotwendig. Fehlt es daran, wird dieses Kind alles tun, um zu diesen Dingen zu kommen, das hat die Natur so vorgesehen. Und Verhaltensformen, die ein Mensch als Kind erlernt hat, wird er auch als Jugendlicher und Erwachsener anwenden.

Es lässt sich nicht eindeutig klären, welche Ursachen im Einzelfall für eine narzisstische Persönlichkeitsstörung verantwortlich sind. Der eine Mensch entwickelt sie, der andere unter nahezu gleichen Umständen nicht. Man kann nur vermuten, welche Faktoren daran mitbeteiligt sind, sicherlich sind es zum Teil genetische, aber eben auch Umweltfaktoren.

Man gewinnt den Eindruck, dass es immer mehr Narzissten auf unserer Welt gibt, zumindest in unserer westlichen Welt. Auf der einen Seite sind die Menschen, die bewusst und überlegt leben und Verantwortung für ihr Leben übernehmen. Auf der anderen Seite stehen die Menschen, die dafür sorgen, dass der Narzissmus zunimmt, indem sie zum Beispiel ihre Kinder vernachlässigen, nicht anerkennen, nicht loben oder als sogenannte Helikoptereltern in eine Art Überfürsorge verfallen, ihren Kindern alles abnehmen und sie über den grünen Klee loben. Auch so kann man kleine Narzissten heranziehen.

Auch die klassische antiautoritäre Erziehung, die dem Kind keine Grenzen setzt, leistet dem Narzissmus Vorschub. Das Kind braucht für eine gesunde Persönlichkeitsentfaltung Grenzen im Sinne von Leitplanken, obwohl sie dem Selbst des Kindes zunächst durchaus Schmerzen bereiten können. Ein Kind, das sich beim grenzüberschreitenden Handeln und der dann folgenden erzieherischen Maßregelung trotzdem geliebt weiß, entwickelt ein wichtiges Verständnis dafür, dass es Fehler machen darf. Es stellt fest, dass es durch diese Fehler erst lernt, die Welt zu verstehen. Dank der empfangenen Liebe erhält das Kind das notwendige Selbstvertrauen, um die Welt zu erkunden, und die Gabe, Fehler selbst berichtigen zu können. Sind frühere Fehler mit Scham und Schuld verbunden, dann rufen sie negative Abwehrgefühle hervor, die einen davon abhalten, mit Selbstwertdefiziten richtig umzugehen beziehungsweise ein gesundes Selbstwertgefühl zu entwickeln.

Eltern sollten ihren Kindern beibringen, Verantwortung zu übernehmen.

Es wird vermutet, dass bei Narzissten die Verbindung zwischen dem Kontrollzentrum im Stirnhirn und dem Gefühlszentrum gestört ist.[20]

Mit daran beteiligt scheint auch das Geschlechtshormon Testosteron zu sein, das heißt, das Gehirn eines krankhaften Narzissten reagiert dadurch anders auf Gefühle. Es scheint weniger Kommunikation zwischen dem Kontroll- und Gefühlszentrum zu geben. Ein hoher Testosteronspiegel könnte dies verstärken. Eine interessante These, denn krankhaften Narzissten wird eine starke Neigung zur Promiskuität nachgesagt. Hier wäre es sicherlich äußerst interessant, wenn von ärztlicher Seite aus öfter die Hormonwerte im Labor untersucht würden.[21]

Um Gefühle und Stimmungen anderer Menschen zum Erklingen zu bringen, gibt es die sogenannten Spiegelneuronen. Die Spiegelneuronen im Gehirn sind spezielle Nervenzellen, die den Menschen zum mitfühlenden Wesen machen. Sei es, wenn jemand gähnt, und wir gähnen mit, oder es lächelt uns einer zu, und wir lächeln zurück, selbst wenn sich ein anderer wehtut, und wir beobachten dies, werden wir leicht zusammenzucken. Wir werden sozusagen mit dem Gefühl des anderen angesteckt. Unsere Nervenzellen reagieren also nicht nur, wenn wir selbst diese Gefühle erleben, sondern diese Nervenzellen werden auch aktiv, wenn wir diese Empfindungen bei anderen wahrnehmen.

Eine italienische Forschergruppe stieß 1996 zufällig auf diese Spiegelneuronen. Das Physiologenteam erforschte an Schimpansen, wie Handlungen im Gehirn geplant und realisiert werden. Es ging darum, welche Nervenzellen bei einem Schimpansen aktiv werden, sobald er nach einer Nuss greift. Die Nervenzellen sandten allerdings nicht nur beim Greifen nach der Nuss Signale aus, sondern auch, wenn der Affe beobachtete, wie einer der Forscher nach der Nuss griff. Das Gesehene wurde sozusagen im Gehirn des Affen gespiegelt. Somit kam man zu einer wissenschaftlichen Erklärung für Phänomene wie Intuition und Mitgefühl.

Der Mensch ist von Geburt an mit Spiegelneuronen ausgestattet. Wenige Tage nach der Geburt fängt der Säugling an, Aktionen seiner Bezugsperson zu spiegeln. Man geht davon aus, dass die Spiegelneuronen des Menschen zwischen dem dritten und vierten Lebensjahr voll entwickelt sind. Die Spiegelneuronen funktionieren für uns unbewusst, wir müssen oder können sie nicht steuern, sondern die Zeichen des anderen werden von unserem Gehirn sehr schnell dechiffriert. Egal ob es sich um Trauer, Freude oder Ärger handelt, in kürzester Zeit werden diese Emotionen auf die beobachtende Person übertragen. Diese Funktion der Spiegelneuronen erleichtert unser tägliches Zusammenleben ungemein. Wir wissen dadurch intuitiv, was auf eine gegebene Situation hin erfolgen wird.[22]

Wenn uns andere starke Emotionen blockieren, nehmen wir die Reaktion der Spiegelneuronen nicht wahr. Auch der Verstand kann sich weigern, intuitiv das Richtige zu spiegeln, wir nehmen dabei zwar die Gefühle des anderen wahr, der Verstand blockiert allerdings die angemessene Reaktion darauf. Dieser Regelkreis ist beim krankhaften Narzissmus eindeutig gestört, die Spiegelneuronen scheinen weniger aktiv zu sein.

ALLTAG

Er lernt auf einer Party Drogen kennen und merkt recht schnell, dass er sich unter Drogen so selbstbewusst und hervorragend fühlt, wie er es sich immer schon gewünscht hat. Er fühlt sich einfach nur selbstsicher und gut, er ist der Gewinner. Das führt dazu, dass er im Alltag ständig Alkohol trinkt und andere Drogen konsumiert, nicht nur in seiner Freizeit, sondern auch bei der Arbeit.

In einer gestörten Familie können Menschen heranwachsen, die normal sozialisiert sind, während es in gesunden, herzlichen Familien Kinder mit narzisstischen Zügen gibt. Solche Entwicklungen sind schwer zu ergründen. Auffällig ist, dass in den meisten Fällen schon Kinder entsprechende Verhaltensstörungen zeigen, wie zum Beispiel Lügen, Diebstähle, gewalttätige Übergriffe, überhaupt Störungen in den unterschiedlichsten Bereichen, verbunden mit einer Art Gefühllosigkeit.[23]

Auch Grausamkeit gegenüber Tieren ist ein typisches Anzeichen. Natürlich sind einzelne solcher Eigenarten noch kein Zeichen dafür, dass sich ein krankhafter Narzissmus entwickeln wird, aber treten sie vermehrt auf, können sie zumindest darauf hindeuten. Unter Geschwistern fällt es am meisten auf, wenn eines der Kinder nahezu kein Mitgefühl zeigt.

Sozialisation ist das Erlernen gesellschaftlicher Regeln und Vorschriften darüber, wie man sich innerhalb der Gesellschaft verhält. Auch die innere Stimme, das Gewissen, entwickelt sich in dieser Zeit. Ein Narzisst kennt die Regeln, zeigt aber kein Schuldbewusstsein. Dies ist selbst einem Kind schon anzumerken. Dieses Kind verfügt über deutlich weniger Emotionen als seine Geschwister, dementsprechend auch über weniger Angstgefühle, die meist eine Motivation darstellen, etwas zu tun oder zu unterlassen.

Ein narzisstisches Kind ist gefühlsmäßig blockiert.

Menschen entwickeln sich im Laufe ihres Lebens weiter, dennoch ist festzustellen, dass die charakterliche Grundtendenz bestehen bleibt. So haben sich asoziale Verhaltensweisen Erwachsener meist auch schon in der Kindheit gezeigt.

Die beiden Gehirnhälften eines Menschen haben unterschiedliche Aufgaben. Die linke Hirnhälfte arbeitet rational, sprachlich und analytisch, die rechte Hirnhälfte ganzheitlich, kreativ und emotional. Bei Rechtshändern liegt der größte Teil des Sprachzentrums in der linken Gehirnhälfte, aber es ist bekannt, dass beide Gehirnhälften an der Sprachbildung beteiligt sind. Die rechte Gehirnhälfte soll dabei mehr Bedeutung bezüglich der Semantik haben. Worte haben sowohl eine semantische als auch eine emotionale Bedeutung. Es liegt nahe, zu vermuten, dass bei Narzissten dieses Zusammenspiel gestört ist, da sie die emotionale Bedeutung der Worte nur unzureichend erfassen können. Sie „fühlen" die Worte anders als der normale Mensch. Das wäre eine Erklärung dafür, dass ein Narzisst seine Worte anders wählt, sie auch anders fühlt und somit ohne Skrupel auch anders einsetzt. Versteht oder fühlt man zum Beispiel den emotionalen Wert des Wortes „Liebe“ nicht, dann benutzt man es auch anders, in diesem Falle leichtsinniger, weil man die Bedeutung nicht wirklich versteht.

Normalerweise ist die rechte Hirnhälfte für die Verarbeitung von Emotionen zuständig. Manche Forschungen weisen darauf hin, dass bei Narzissten keine der beiden Hirnhälften Emotionen gut verarbeitet.[24] Dies wäre eine Erklärung für das unzureichende Gefühlsleben.

Diese – wissenschaftlich allerdings noch nicht belegbaren – Vermutungen wären eine Begründung dafür, dass von zwei Geschwistern, die in gleichen Verhältnissen aufwachsen, der eine narzisstisch reagiert und der andere nicht. Die Umweltbedingungen fördern oder hemmen eine narzisstische Veranlagung sicherlich, sind aber bestimmt nicht ausschließlich für diese Entwicklung verantwortlich zu machen.

Kapitel 2

NARZISSMUS IN DER PARTNERSCHAFT

Die typische Beziehung mit einem Narzissten beginnt außerordentlich positiv. Narzissten können äußerst charmant sein, wenn sie ein Ziel verfolgen. Um ihr Ziel zu erreichen, umgarnen sie ihren neuen Partner nach allen Regeln der Kunst, bestärken ihn in seiner Meinung und machen ihm Komplimente über Komplimente, bis er dahinschmilzt und meint, die Liebe seines Lebens gefunden zu haben. Dabei legt er gute Manieren und ein verführerisches Verhalten an den Tag. Er diskutiert und verhandelt geschickt und bringt Unwahrheiten überzeugend an.

ALLTAG

Wie aufmerksam und höflich er ist! Er weiß sich zu benehmen und Komplimente zu machen. Er fragt nach meiner Meinung, ist umsichtig und trägt mich nahezu auf Händen. Trotzdem warte ich wochenlang, bis ich es zulasse, dass unsere Verbindung intensiver wird. Nachdem er das erste Mal bei mir über Nacht geblieben ist, weigert er sich, künftig auch nur ab und an bei sich zu übernachten. Er wolle keine Wochenendbeziehung. Ich sprach von keiner Wochenendbeziehung, nur davon, dass jeder ab und zu bei sich zu Hause schlafen könne. Man könnte während der Woche telefonieren und sich mal bei ihm, mal bei mir treffen oder auch einmal alleine bleiben. Nein, das wäre eine Beziehung auf Abruf, das sieht er nicht ein, dann besser gar keine Beziehung.

Das möchte ich natürlich auch nicht, jetzt, wo es gerade so schön begonnen hat. Und so nistet er sich bei mir ein.

Als nächste Stufe erzeugt der Narzisst Mitleid, indem er von Krankheiten und Schicksalsschlägen berichtet, um Verständnis zu fordern, dabei scheut er nicht davor zurück, dies mit Schluchzen und Weinen zu unterstreichen. Er kann sein Leid als nicht zu ertragendes Drama erscheinen lassen.

ALLTAG

Oh, er leidet. Er muss viel arbeiten und kommt nicht mehr zur Ruhe. Er hat Probleme mit dem Gericht wegen der Unterhaltszahlungen, die er zu leisten hat. Seine ehemalige Frau hat alles initiiert und ihn zu Unrecht beschuldigt. Er kommt und kommt nicht zu seinem Recht. Er kämpft gegen Windmühlen, der Arme, ich müsse Nachsicht mit ihm haben. Zumal sein Bruder ernsthaft erkrankt ist, sich sein Sohn vor einiger Zeit das Leben genommen hat und es auch seiner Tochter gesundheitlich schlecht geht.

Erst dann setzt mehr oder weniger langsam die Kehrtwendung innerhalb der Beziehung ein. Er findet immer mehr negative Dinge an seinem Partner, beteuert aber trotzdem seine Liebe zu ihm. Man kann dem Narzissten auf einmal nichts mehr recht machen, er spricht viel darüber, was ihn stört, sieht aufgrund seiner Liebe aber angeblich geflissentlich darüber hinweg. Dafür soll man ihm allerdings entsprechend dankbar sein. Andererseits ist man daran schuld, dass es ihm selbst nicht gut geht. Man widmet ihm zu wenig Zeit, immer und ewig, egal wie viel Zeit man mit ihm verbringt. Oftmals kommt eine krankhafte Eifersucht dazu, sodass man sich nicht mehr getraut, überhaupt eine andere Person anzusehen, oder eine Kontrollsucht, sodass man am besten nicht einmal mehr alleine einkaufen geht. Der Narzisst will alles unter seiner Aufsicht haben.

ALLTAG

Er übernimmt immer mehr die Kontrolle. Wenn er mit einem Freund unterwegs ist, lässt er sein Auto vor meiner Garage stehen, so kann ich nicht einmal zum Einkaufen fahren. Überhaupt meint er, wir könnten ja zusammen einkaufen gehen. Er will auch nicht, dass ich meine Freunde alleine besuche. Es stört ihn, dass ich nahezu jeden Tag joggen gehe. Er äußert, dass er Angst um mich hat, wenn ich alleine durch den Wald laufe, und will mir Pfefferspray besorgen, wenn ich weiterhin darauf bestehe. Wir sind fast nur noch gemeinsam unterwegs, allerdings auch das immer seltener. Er will nicht, dass ich ohne ihn das Haus verlasse. Ich würde ihn nicht verstehen, seine Liebe nicht würdigen, sagt er.

Bei Unterhaltungen zeigt er schnell Desinteresse, sofern ihn das Thema nicht nachhaltig interessiert, und das ist meist der Fall. Er wirkt gelangweilt und antwortet meist einfach gar nicht mehr beziehungsweise geht in der Antwort nicht auf die gestellte Frage ein. Er beherrscht hervorragend den geringschätzigen Blick. Im fortgeschrittenen Stadium wird der Narzisst immer übergriffiger, er schreit und brüllt, das kann bis hin zu Tobsuchtsanfällen gehen. Er macht nicht nur Vorwürfe und Unterstellungen, sondern lässt sich auch schnell zu Drohungen und Beleidigungen hinreißen, um den anderen einzuschüchtern und kleinzumachen. Der andere wird beschuldigt, seine Glaubwürdigkeit wird damit infrage gestellt und verachtet. Spott, Zynismus und emotionale Erpressung sind an der Tagesordnung.

Der Narzisst macht seinen Partner gezielt zum Opfer seiner Selbstsucht.

Dies führt dazu, dass man sich als Partner zum einen schuldig fühlt und zum anderen eine große Leere in sich verspürt. Was man auch versucht, es kommt keine wirkliche Nähe auf. Eine Kommunikation gestaltet sich äußerst schwierig, da der Narzisst weder zuhört noch auf das Gesagte eingeht. Er überhört Erzähltes einfach. Nur wenn er sich davon einen Vorteil verspricht, wird er kurzzeitig zuhören. Ständig macht er Vorwürfe und unterstellt auch hirnrissige Dinge, die völlig aus der Luft gegriffen sind. Spricht man ihn darauf an, beweist ihm sogar das Gegenteil, so wird er es mit seinem Stress oder anderen Ausreden begründen: Er habe nur gestritten oder Vorwürfe gemacht, um seinen Stress abzubauen, der von seiner Arbeit kommt, von seiner Familie oder von den Nachbarn. Irgendeiner ist immer schuld, nur nicht er selbst. Und er scheut sich nicht davor, den Partner zutiefst zu verletzen, um damit seinen Stress abzubauen, ohne irgendein Gefühl der Reue. Damit übernimmt er Macht und Kontrolle in der Beziehung. Er vermittelt das Gefühl, nicht beachtet zu werden, er fordert konstant mehr Bewunderung und Bestätigung.

Stellt der Narzisst allerdings fest, dass ihn diese, oftmals noch etwas verdeckte Verhaltensweise nicht zum Ziel führt, wird er in den meisten Fällen nicht vor offener Bösartigkeit zurückschrecken, um sein Ziel ohne Rücksichtnahme zu erreichen. Dadurch, dass der Partner die Schuld auf sich nimmt, wodurch er wiederum die inneren Schwierigkeiten und die Zerrissenheit des anderen widerspiegelt, wird er vom Narzissten als problematisch und schwierig bis hin zu krank dargestellt. Diese Schwierigkeiten führen dazu, dass der normal reagierende Mensch, bevor er etwas sagt, erst einmal überdenkt, wie der Narzisst es auffassen wird. Er versucht, die Dinge mit den Augen des Narzissten zu sehen, um Streitereien aus dem Weg zu gehen. Und damit wird er immer und immer wieder scheitern. Der Narzisst steuert stets auf die Konfrontation zu, da er den anderen immer verunsichern will, egal wie diplomatisch sich dieser ausdrückt.

Der Narzisst sieht sich prinzipiell selbst als Opfer und übernimmt in keiner Weise Verantwortung für sich und sein Handeln. Er hat sich sehr weit von seinem wahren Selbst entfernt, er spürt sich nicht mehr, er kann nicht mehr authentisch sein und sucht in der Außenwelt einen Partner, der diesen Mangel ersetzen kann.

ALLTAG

Ich arbeite als Aushilfskellnerin in der Gastronomie, Chef und Chefin sind auch anwesend – bei der Arbeit. Es ist unglaublich, aber der Chef macht seine Frau vor allen Gästen nieder, behauptet, dass sie wieder einmal alles verkehrt gemacht hätte, dass sie sowieso und überhaupt ... Das Gezeter und die Beleidigungen in voller Lautstärke nehmen kein Ende, obwohl die Gäste schon längst verstummt sind und peinlich berührt vor sich hinsehen.

Selbst wenn objektiv völlig klar ist, dass der Narzisst seinem Partner etwas angetan hat, so wird er es argumentativ immer so verdrehen, dass der andere mindestens eine Mitschuld trägt. Im Zweifelsfall wird er einfach behaupten, dass der Grund darin liege, dass der andere sich für ihn entschieden hat, denn somit muss er ihn auch so nehmen, wie er ist. Wenn der Partner das nicht einsieht, wird ihm unterstellt, dass er ihn nicht mehr lieben würde. Dass er ihn sogar noch nie geliebt habe, also hat er einen Grund, sich betrogen zu fühlen. Dank dieser Inszenierung braucht der Narzisst keine Reue empfinden. Das ist enorm wichtig für ihn, denn mit Gefühlen der Reue käme er seinem Selbst und damit seiner Selbsterkenntnis näher, was ihn derartig schmerzen würde, dass es ihn buchstäblich vernichten würde.

Auch wenn er noch so oft seine Liebe beschwört, er weiß nicht, was Liebe ist, er versucht seinen Partner nur dazu zu bringen, dass er sich so benimmt, wie er es sich vorstellt, damit er unendliche Bewunderung erfährt, gleichgültig was er sagt oder was er tut. Der Narzisst nimmt und der Partner gibt, das wird sich nie ändern. Die Gefühle anderer Menschen berühren ihn nicht.

Ein Narzisst ist zu einem Gefühl wie Liebe nicht fähig, er kann nicht erfassen, was dieses Gefühl bedeutet.

Gerade in der Partnerschaft versteckt sich der Narzissmus sehr tückisch. Wegen des durchaus positiven Beginns bemerkt der Partner nicht, wie es allmählich immer häufiger zum Missbrauch kommt. Da der Missbrauch hinter verschlossenen Türen stattfindet, bemerkt ihn die Umgebung nicht. Sie meint lange, ein Traumpärchen vor sich zu haben. Mit der Zeit wird der Partner immer mehr isoliert und traut sich erst recht nicht mehr, sich seinem Umfeld mitzuteilen.

Nähe macht dem Narzissten Angst. Aussagen von ihm, wie Liebesbezeugungen oder der Ausspruch, dass er ohne den anderen nicht leben könne, meint der Narzisst nicht als Liebesbeweis, sondern als Druckmittel, um bei seinem Partner Verlustängste zu schüren. Er benutzt dies, um den anderen noch abhängiger von sich zu machen und damit seine krankhafte Eifersucht zu besänftigen.

ALLTAG

Er kommt nach der Arbeit nach Hause, und ich gehe ihm zur Begrüßung entgegen. Er kommt zügig auf mich zu, ohne seine Geschwindigkeit zu minimieren, läuft kerzengerade und rempelt mich mit seinem Brustkorb an. Ich springe entsetzt zurück, er reagiert völlig verständnislos, selbst als ich es ihm erkläre, dass er mich beinahe umgerannt hätte. Sieht so eine liebevolle Begrüßung aus?

Hinter einer ganz normalen Geselligkeit des Partners wittert der Narzisst ein Fremdgehen und wird es seinem Partner immer wieder vorwerfen, bis dieser sich nicht mehr getraut, einen andersgeschlechtlichen Menschen überhaupt noch zu begrüßen. Hinter jedem freundlichen Wort des Partners seinen Mitmenschen gegenüber meint der Narzisst versteckte Liebesbeweise zu entdecken. Er wirft seinem Partner vor, dass er zu viel Zeit mit anderen verbringt, und versucht ihn, meist mit einem theatralischen Auftritt, dazu zu bewegen, sich nur noch mit ihm zu beschäftigen. Der Partner fühlt sich schuldig und lässt sich viel zu oft auf dieses gefährliche Spiel ein.

Ein Narzisst neigt zu fantasievollen und häufigen Vorwürfen.

Beschwert sich der Partner über ungerechtfertigte Vorwürfe, heißt es: „So bin ich eben" – der übliche Ausspruch eines Narzissten und einer der größten Kommunikationskiller schlechthin, der nicht gerade für emotionale Reife spricht. Damit nimmt er seinem Gegenüber sämtliche Luft aus den Segeln.

Solange man ihm Aufmerksamkeit und Mitgefühl entgegenbringt, wird er so tun, als ob er einem vertraut. Er wird die Besonderheit der Beziehung herausstellen und seine früheren Beziehungen immer häufiger herabwürdigen. Er wird allerdings jedem Partner wieder dasselbe erzählen, hört man genau zu, dann hat man das Gefühl, dass sich alles wie auswendig gelernt anhört. Leider schafft er es meistens zu vermitteln, dass die Sachlage dieses Mal eine völlig andere ist, denn letztendlich trägt die Schuld an allem der frühere Partner, der ihn zu wenig beachtet hat, der seine Werte nicht erkannt hat. Die

Geschichten von früher sind wahrlich schrecklich, und man muss ihn wirklich bedauern, was ihm alles angetan wurde, und ihn bewundern, wie lange er es mit solch einem neurotischen Partner in der Vergangenheit ausgehalten hat.

Narzissten haben schon als Kinder gelernt, wie sie sich zu verhalten haben, um Zuwendung zu erlangen, dies wird mit den Jahren perfektioniert, sodass es dem anderen meist nicht auffällt, dass alles nur Show ist und jeglicher Grundlage entbehrt. Der Narzisst beteuert seine Liebe, aber es ist nur eine aufgesetzte Maske, um Bestätigung zu erhalten. Dieser anfänglich liebevolle und fürsorgliche Mensch macht früher oder später, meist eher früher, eine sprunghafte Wandlung durch und zieht seinen Partner erbarmungslos in einer furchtbaren Beziehungsspirale nach unten. Es kommt ein Gefühl von Ohnmacht beim anderen auf sowie Verzweiflung und Vereinsamung. Kein Mitmensch kann es nachempfinden, denn diese Dinge laufen im Verborgenen ab, wenn kein anderer anwesend ist. Und das ist das Gemeine: Keiner glaubt einem, jeder meint, man wäre überempfindlich und würde übertreiben.

ALLTAG

Ständig schwört er mir seine Liebe. Alles mache er nur aus Liebe zu mir. Er macht mir ständig Komplimente. Andererseits findet er die ganze Zeit irgendwelche Fehler an mir. Mir kommt es vor, als würde er mich wie mit einer Lupe untersuchen: Wächst da ein Haar, das da nicht hingehört? Oder ist vielleicht dort ein Zehennagel eingewachsen? Aber das würde ihm ja alles nichts ausmachen, denn er liebt mich so, wie ich bin. Er überschreitet konstant jegliche persönlichen Grenzen. Am liebsten hält er nur zehn bis zwanzig Zentimeter Abstand zu mir. Selbst wenn ich jemanden liebe, ist mir das im Alltag, in Gesprächen zu nahe. Gehe ich auf einen normalen Abstand, so beschwert er sich, dass ich von ihm abrücke, dass ich ihn nicht lieben würde. Er bringt es fertig, mich minutenlang schweigend anzusehen. Auf eine Nachfrage von mir reagiert er mit Unverständnis und begründet mein Verhalten mit meiner angeblichen Unsicherheit. Nein, ich bin nicht unsicher, ich zeige nur ein ganz normales Kommunikationsverhalten. Das Zusammensein wird immer unerträglicher!

2.1 PHASEN DER BEZIEHUNG ZU EINEM NARZISSTEN

Love Bombing

Love Bombing wird im Normalfall am Anfang einer Beziehung ausgeübt, um emotionale Abhängigkeit herzustellen. Man wird mit Liebesbezeugungen geradezu überschüttet. Von Anfang an wird dem anderen derartig viel Aufmerksamkeit, Liebe und Verständnis entgegengebracht, wie er es noch nie erlebt hat und es sich in seinen kühnsten Träumen nicht vorstellen konnte. Gleiche Einstellungen, gleiche Ziele, man denkt, seine Zwillingsseele gefunden zu haben. Man hat das Gefühl, so akzeptiert zu werden, wie man ist, und noch viel mehr. Das Teilen der gleichen Interessen und Einstellungen führt dazu, dass man denkt, man wäre endlich am Ziel seiner schönsten Träume angekommen.

Am Anfang der Beziehung glaubt man, den Himmel auf Erden zu erleben.

Die Euphorie darüber, dass diese Übereinstimmung gleich von Anfang an vorhanden ist, lässt einen glauben, dass dies der einzig richtige Partner wäre. Und so bemerkt man so manche Veränderung zu spät.

Am Anfang ist alles gut, und alles, was man tut oder sagt, kommt hervorragend beim Partner an. Langsam und verdeckt, sodass man es zuerst gar nicht merkt, werden dann die Daumenschrauben angezogen. Nur wenn man sich so verhält, wie der Partner sich das vorstellt, wird man mit seiner Liebe überschüttet. Dies fängt mit ganz harmlosen Dingen an, die man nicht der Rede wert findet, weshalb man natürlich gern darauf eingeht. Jeder weiß, dass Kompromisse in einer Beziehung notwendig sind. Außerdem ist man schon derartig an die Liebesbeweise gewöhnt, dass man sie nicht mehr missen will.

Verhält man sich nicht so, wie der Narzisst es wünscht, bestraft er einen mit Rückzug, allmählich auch mit Abwertung. Man wird immer feinsinniger, um seine Wünsche vorwegzunehmen, da man seine Liebe nicht verlieren will, und somit merkt man meist nicht, in welchen Kreis der Abhängigkeit man sich begibt und mit welchen Manipulationstechniken man geleitet wird. Man wird abhängig vom anderen gemacht, damit eine Trennung möglichst schwerfällt.

Das Opfer setzt zu wenig und zu spät seine Grenzen.

Verliebtheit macht blind, das hat jeder von uns schon erfahren. Aber man sollte darauf achten, dass man nur teilblind wird und in dieser Phase der Anfälligkeit für Schmeicheleien und Liebesbekundungen noch einen einigermaßen klaren Blick behält. Nur wenn die eigene Selbstliebe zu schwach ausgeprägt ist und man nach der Liebe anderer hungert, wird man auf solche Tricks hereinfallen.

ALLTAG

Ich kann diese ständigen Liebesschwüre nicht mehr hören. Am Anfang fand ich es noch sehr nett und schmeichelnd, in der Zwischenzeit bekomme ich fast die Krise dabei. Dazu immer die gleichen theatralischen Szenen, Abläufe, Verabschiedungen oder was auch immer, und das zigmal am Tag. Genauso geht es mit Komplimenten. Es sind immer die gleichen, die abgeleiert werden wie von einer Schallplatte. Es kommt mir vor, als hätte diese Schallplatte einen Sprung. Ich mag es nicht mehr hören, es wirkt so unglaubwürdig.

Meist wird man durchaus vom eigenen Bauchgefühl, der Intuition, gewarnt. Sie sagt einem, dass es zu schön ist, um wahr zu sein, und hat damit wortwörtlich recht. Man sollte öfter auf dieses Frühwarnsystem hören, denn wenn erst einmal einige Wochen mit Love Bombing vergangen sind, wird es schwer, sich aus dieser Situation zu lösen. Machen Sie sich bewusst, dass echte Liebe niemals mit Manipulation verbunden ist und dass ein zu einem frühen Zeitpunkt ausgesprochenes „Ich liebe dich“ der Realität gar nicht entsprechen kann.

Silent Treatment

Bei dieser Vorgehensweise werden Sie mit Schweigen und Nichtachtung bestraft. Sie werden einfach ignoriert. Der Narzisst sitzt da, schaut durch Sie hindurch oder auch ins Fernsehen und zeigt absolut keine Regung. Sie können mit ihm sprechen, Sie können ihn etwas fragen, Sie werden keine Antwort erhalten. Schütteln Sie ihn an der Schulter und fragen nach, ob er Sie gehört hat, wird er mit „Jaja" antworten und nicht weiter darauf eingehen.

Man ist einfach fassungslos, es ist eine völlig unwirkliche Reaktion. Man kommt sich vor wie in einer Gummizelle. Es herrscht so etwas wie ein Kriegszustand. Sie werden nicht mehr an ihn herankommen, egal was Sie auch probieren, im Zweifelsfall wird er das Schlachtfeld verlassen. So etwas ist zutiefst enttäuschend und demütigend. Egal wie Sie reagieren, ob Sie weinen, schreien oder in einem vernünftigen Ton sprechen, Ihr Gegenüber zeigt keine Reaktion. Er lässt Sie einfach auflaufen.

Der Narzisst ignoriert den anderen voll und ganz.

Bei dieser Vorgehensweise fühlt man sich schuldig und überlegt krampfhaft hin und her, was man falsch gemacht haben könnte oder ob man sich verkehrt artikuliert hat. Diese Gedanken reißen nicht ab und beschäftigen einen immer weiter, die Schuldgefühle nehmen dadurch immer mehr zu, die klaren Gedanken hingegen ab. Während der Narzisst hervorragend schläft, werden Sie sich die ganze Nacht den Kopf zermartern und morgens gerädert aufstehen. Wenn Sie Pech haben, dann werden Sie auch am nächsten Morgen noch ignoriert. Diese psychische Grausamkeit führt dazu, dass Sie sich immer öfter überlegen werden, ob und was und wie Sie es sagen, um nicht mehr in diese Situation zu geraten. Es stellt sich ein Gefühl der Wertlosigkeit ein, das umso schlimmer wird, je öfter solch eine Situation auftritt und je länger sie andauert. Das Schlimmste, was Sie tun können, ist, auf den Gedanken zu kommen, sich bei ihm zu entschuldigen – für etwas, das er verbrochen hat. In diesem Fall hat er völlig gewonnen und sieht sich im Recht. Es ist ein einziges Machtspiel, und der Narzisst bestimmt die Regeln.

Der manipulierende Narzisst nimmt seinen Mitmenschen ihr Urteilsvermögen.

Dieses Schweigen kann mitunter mehrere Tage andauern. Dadurch kommt es zu immer größeren Minderwertigkeitskomplexen und Schuldgefühlen beim Partner. Egal was man sagt oder macht, man bekommt keine Antwort, dringt also nicht bis zum anderen vor. Nicht, dass man dazu einen Anlass oder Grund gegeben haben muss, der Narzisst kann das aus heiterem Himmel, weil er keine Lust hat, sich mit irgendeinem Thema oder einer Person zu befassen. Ihm sind andere Dinge wichtiger, und sei es auch nur der Wetterbericht. Im Allgemeinen will er den anderen damit verletzen und bestrafen. Auf jeden Fall will er damit seine Macht demonstrieren und bleibt dabei ungerührt und abweisend.

Sollte er dennoch eine kurze Antwort geben, so wird sie auf die Inkompetenz des anderen gerichtet sein, um ihn herabzuwürdigen und kleinzumachen. Sagt er überhaupt etwas, so wird er sein Gegenüber dabei jedoch selten anblicken, um es seine Unwichtigkeit spüren zu lassen. Falls er einen doch anschaut, dann wird er in diesem Blick seine Missbilligung ausdrücken.

Reagiert man ungehalten auf solch ein Vorgehen, so gibt man dem Narzissten erst recht die Möglichkeit, mit Unverständnis und Aggression zu reagieren. Und wehe, man wendet jetzt ein, dass man sich nicht ernst genommen fühlt, dann wird der Spieß sofort umgedreht und man erhält selbst die Schuld fürs eigene Verhalten. Bleibt man ruhig und gelassen und argumentiert weiter, bekommt man auch keine ausreichende Antwort und fühlt sich irgendwann hilflos.

Es gibt auch noch die Möglichkeit, dass der Narzisst dem anderen stur in die Augen schaut, ohne irgendeine Regung zu zeigen. Wehe, man fragt nach, man wird keine Antwort erhalten, höchstens die Behauptung, man hätte Minderwertigkeitskomplexe. Es ist einfach keine normale, keine übliche Kommunikation möglich. Man ist ihm keine Antwort wert, und er lässt andere Menschen, in diesem Falle den Partner, ganz einfach links liegen.

Eine konstruktive Kommunikation ist mit einem Narzissten nicht möglich.

Dieses Vorgehen ist ein Ausbund an Geringschätzung und Respektlosigkeit dem anderen gegenüber. Man fühlt sich ohnmächtig. Dieses Verhalten des Narzissten zeugt von sehr schlechten Kommunikationsfähigkeiten. Natürlich gibt es Situationen, in denen Schweigen angebracht ist, zum Beispiel wenn die Stimmung angespannt ist und jeder eine Pause benötigt. Aber als Bestrafungsmethode ist Schweigen völlig deplatziert. Ein Konflikt lässt sich nie mit Schweigen lösen. Die einzige Möglichkeit, den Konflikt zu lösen, besteht darin, in einen Dialog zu treten, um eine Lösung zu finden. Alles andere erzeugt nur weitere Probleme.

Streit und Auseinandersetzungen können in einer Beziehung immer vorkommen, sie sollten aber sachlich und konstruktiv sein und keine psychische Gewalt beinhalten. Das hat kein Mensch verdient. So darf niemand mit Ihnen umgehen. Denken Sie an Ihre Selbstachtung, und verlassen Sie eine solche Situation. Wenn Sie sich noch nicht in der Lage fühlen, sich von dem Narzissten zu trennen, dann verlassen Sie zumindest diesen Schauplatz, gehen Sie weg und lassen ihn allein.

Mind Spinning

Wörtlich übersetzt geht es hier um den „schwirrenden Geist“. Dem Narzissten geht es nie um die andere Person, in diesem Falle den Partner, sondern ausschließlich um sich selbst. Er widerspricht sich häufig, ohne es zuzugeben, agiert mit Unterstellungen und wendet damit bewusst emotionale Gewalt an, womit er seinen Partner psychisch verletzt, damit er sich über ihn erhaben fühlen kann.

Beim Mind Spinning erzählt er auch gern von seinen früheren Beziehungen, von seinen schlechten Erfahrungen, davon, dass seine damaligen Partner in keiner Weise auf ihn eingegangen sind, obwohl er alles versucht hat, es ihnen recht zu machen. Auf sehr subtile Weise bringt er so seine Vorstellungen an, und sein Partner ist nur allzu bereit, sich danach zu richten. Allerdings wird der Narzisst keine positive Rückmeldung geben, wenn man sich wunschgemäß verhält, sondern eher das Gegenteil, mit der Frage, wie man denn überhaupt auf solche Dinge komme. Er kritisiert, er schweigt, er erzählt das Gegenteil von gestern und führt sich in einer Art und Weise auf, als wäre dies alles völlig normal. Irgendwann fühlt man sich völlig wirr im Kopf und weiß überhaupt nicht mehr, was richtig oder falsch, was üblich oder unüblich ist.

ALLTAG

Er wertet ständig seine früheren Partnerinnen herab. Er erzählt mir von vielen Situationen, in denen er von seiner Expartnerin schlecht behandelt und herumkommandiert wurde. Er tut mir wirklich leid.

Die vielen Lügen, die der Narzisst absolut glaubhaft rüberbringt, tragen dazu bei, dass man irgendwann nicht mehr weiß, wie die Realität ist oder aussehen sollte.

ALLTAG

Er tobt und macht mir Vorwürfe. Und das, obwohl ich alles wie abgesprochen getan habe. Ein Freund von ihm, der kein Auto hat, wollte gerne zu einer Beerdigung wenige Dörfer entfernt fahren und fragte ihn, ob er ihn dorthin bringen könnte. Er hatte allerdings Dienst, und so bot ich an, den Freund zu fahren. Am Vortag wurde nochmals der Termin bestätigt, und so fuhr ich den Bekannten zum Friedhof, nahm an der kurzen Feierlichkeit teil und fuhr ihn wieder nach Hause. Jetzt muss ich mir schon seit einer Stunde anhören, was ich angerichtet habe. Was sollen die Leute im Dorf von ihm denken! Was sollen die Leute im Dorf von mir denken! Meine Antwort: Dass ich einen Bekannten zum Friedhof gefahren habe ... Nein! „Du kannst doch nicht einfach mit einem anderen Mann zum Friedhof fahren, währenddessen ich arbeite. Was sollen die Leute von mir denken, wenn du in meiner Abwesenheit mit einem anderen Mann unterwegs bist!" Ich: „Die denken, dass ich gefahren bin, weil du zur Arbeit musstest ... und außerdem ist es mir völlig egal, was die Leute denken!"

Ghosting

Ghosting bedeutet ein unerwartetes Abtauchen vom Partner. Es kann passieren, dass der Narzisst ohne Angabe von Gründen einfach verschwindet und nach Tagen oder Wochen wieder auftaucht, als ob nichts geschehen wäre. Meistens ist er dazwischen weder per Telefon noch mit irgendwelchen

Nachrichten erreichbar. Der Kontakt wird ohne Erklärung einfach abgebrochen und das ohne jegliche Vorwarnung. Das verliebte Gefühl ist noch vorhanden, passt aber nicht mehr zur Realität. Dass dies alles ohne jegliche Erklärung geschieht, ist natürlich besonders kränkend und verletzt das Selbstbewusstsein des Betroffenen stark.

ALLTAG

Er ist weg, und ich komme mir vor wie in dem Witz, in dem der Mann zum Zigarettenholen geht und nicht wieder auftaucht.

Es gab keinen Streit, keine Auseinandersetzung, er hat das Haus wie immer verlassen. Er ist auch nicht in seiner Wohnung oder bei seinen Freunden. Nach einer Woche steht er auf einmal wieder vor meiner Tür, als wäre nichts geschehen, und überhäuft mich mit Liebesbeweisen und Liebesschwüren. Ich komme mir vor wie in einem falschen Film. Auf Fragen, wo er gewesen sei, reagiert er einfach nicht.

Man meint, man wäre mit einem Geist zusammen gewesen. Gerade hat man noch Pläne geschmiedet, und plötzlich ist alles anders. Dies schürt nicht nur Verlustängste, sondern macht ganz allgemein Angst. Dieses respektlose Vorgehen sollte der Anlass sein, die Beziehung als beendet zu betrachten und am besten auch gefühlsmäßig abzuhaken.

Vom Ghosting Betroffene fallen leicht in ein grundsätzliches Gefühl der tiefen Verunsicherung. Es können Traumata auftreten. Wird der Betroffene beim Wiederauftauchen auch noch mit Love Bombing überschüttet, dann ist die Verunsicherung perfekt, und weiteren Spielereien vonseiten des Narzissten werden Tür und Tor geöffnet.

Gaslighting

Gaslighting ist eine bestimmte Art von mentalem Psychoterror, bei dem das Opfer permanent getäuscht wird. Es werden Situationen inszeniert mit Realitäten, die keine sind, es wird im Nachhinein das Gegenteil behauptet, und der Partner wird als verrückt hingestellt, als ob er sich alles nur einbilden würde.

Man wird durch das Verhalten des anderen so verrückt gemacht, dass man an seinem eigenen Verstand zweifelt. Beim Gaslighting wird man mit voller Absicht vom Partner getäuscht, in einer Art und Weise, die man nicht nachvollziehen kann. Dies ist extreme psychische Gewaltanwendung. Man hat das Gefühl, seiner Wahrnehmung nicht mehr trauen zu können, was auch zu einem Trauma führen kann.

Ziel des Narzissten ist es, möglichst viel Kontrolle über den anderen zu erhalten. Das kann mit ganz einfachen Dingen anfangen, etwa indem er behauptet, Ihnen etwas erzählt zu haben, von dem Sie nichts wissen. Er hat es Ihnen auch nicht erzählt, aber er behauptet es. Alles wird aufgebauscht. Es wird versucht, mittels unrichtiger Behauptungen den anderen in eine emotionale Abhängigkeit zu bringen beziehungsweise ihn darin zu halten. Wo immer es sich anbietet, werden Lügen erzählt, um nach außen hin den großen Retter spielen zu können. So kann er aus einem kleinen Stolperer von Ihnen einen großen Unfall machen und so seine angebliche Sorge um Sie kundtun.

Gaslighting entspricht reinem Psychoterror.

Besonders übel ist es, wenn der Narzisst diese Lügen auf den Freundeskreis ausweitet, was er derart im Untergrund vollführt, dass es bei den anderen als Besorgnis und nicht als Vorwurf ankommt. So manipuliert er den Freundeskreis, der dann dem Betroffenen ebenso gegenübertritt wie der Narzisst. Dadurch wird die Verunsicherung noch viel größer, und man zweifelt an sich selbst.

ALLTAG

Ich habe zwei Achtelgläser Wein getrunken. Er beschimpft mich und bezeichnet mich als betrunken. Er behauptet, ich wäre eine Alkoholikerin und würde mich jeden Tag betrinken. Dies erzählt er hinter meinem Rücken auch unseren Bekannten. Ich trinke höchstens am Wochenende ein wenig, er trinkt jeden Tag mindestens acht Dosen Bier ...

Nur ein starkes Selbstbewusstsein und viel Selbstreflexion helfen, um nicht auf solche Intrigen hereinzufallen.

Hoovering

Dies bedeutet, dass der eine Partner den anderen nicht gehen lassen will und dazu diverse Taktiken entwickelt, die das Ende einer Beziehung verhindern. Genau genommen heißt dieses Wort übersetzt: staubsaugen.

Es ist eine emotionale Beeinflussung, die verhindern soll, dass sich der Partner beziehungsweise Expartner wirklich lösen und seine Beziehung verarbeiten kann. Der Partner wird kontrolliert, was bis zum Stalking gehen kann. Dabei benimmt sich der Narzisst trotz ausgesprochener Trennung vom Partner so, als ob die Beziehung noch existieren würde. Er erzählt Bekannten und Verwandten, dass es Schwierigkeiten in der Beziehung gibt, dass er aber große Hoffnung hat, dass alles bald wieder in Ordnung kommt. Damit versucht er, den Expartner aus der Reserve zu locken. Dieser soll ihn kontaktieren, um seine Lügen richtigzustellen. Bei diesem Gespräch wird er jedoch ablenken und so tun, als wäre nichts geschehen. Er wird versuchen, mittels SMS in Kontakt zu bleiben, er wird wiederholt anrufen und dabei seine Liebe beschwören oder etwas von einem gemeinsamen Bekannten ausrichten.

Vollzogene Trennungen werden einfach ignoriert.

Im Wechsel kann es auch passieren, dass er den anderen beschimpft. Er versucht auf jeden Fall, Kontrolle auszuüben. Er kann sich auch hilfsbedürftig zeigen und Mitleid und Hilfe einfordern. Oder er legt einen Rosenstrauß mit einem Liebesbrief vor die Haustür.

Achten Sie darauf, dass Sie auf keine dieser Taktiken reagieren. Auch wenn es schwerfällt, aber auch hierbei geht es um reinen Missbrauch. Anders sieht es natürlich aus, wenn es Kinder gibt und man sich das Sorgerecht teilt. Dann kommt man um einen gewissen Kontakt nicht herum.

ALLTAG

Das Telefon läutet, mein Ex ruft an. Ich bin auf einer Wanderung und überlege kurz, gehe dann aber ran. Er wohnt im Haus neben meinem, es könnte bei mir zu Hause etwas passiert sein. Nein, er teilt mir mit, dass er und Bekannte von uns bei einer gemeinsamen Freundin sitzen und ich dazu kommen soll. Warum teilt sie mir das eigentlich nicht selbst mit? Ich lehne kurz angebunden ab. Er meint, dann solle ich anschließend vorbeikommen. Ich sage, dass ich dazu sicherlich keine Lust haben werde, verabschiede mich und höre beim Auflegen, dass er noch etwas sagt. Schon klingelt das Telefon ein weiteres Mal, und ich gehe ran. Es kommt sofort der Vorwurf, warum ich auflege, während er noch etwas sagen möchte. Ich frage kurz nach, was er noch mitzuteilen hat. Er: „Ich liebe Dich!" Ich: „Das ist mir völlig egal." Ich habe es noch nicht ganz ausgesprochen, da legt er auf. Das Telefon klingelt ein drittes Mal. Ich gehe nicht mehr ran. Ich gehe nie mehr ran, wenn ich sehe, dass er anruft.

Hoovering verhindert, dass man das Ende einer Partnerschaft vernünftig verarbeiten kann. Die dadurch hervorgerufene emotionale Beeinträchtigung hindert den betroffenen Menschen daran, die alte Beziehung hinter sich zu lassen und abzuschließen, damit er irgendwann eine neue Beziehung eingehen kann. Ziel des Narzissten ist es, die Kontrolle über den anderen zu behalten. Dabei wird zu den unterschiedlichsten Mitteln gegriffen, zum Beispiel wird eine Notlage vorgetäuscht, um Hilfe anzufordern. Der Betroffene sagt zähneknirschend zu, um anschließend festzustellen, dass die ganze Geschichte nur vorgeschoben war, um in Kontakt zu bleiben, um ihm zu beweisen, dass er gebraucht wird. Das kann bis zu einer Selbstmorddrohung gehen. Informieren Sie in solch einem Falle die Polizei, die einen Krankenwagen schickt und im Zweifelsfall für eine Einweisung in eine Klinik sorgt.

Nicht alle der beschriebenen Phasen müssen in einer narzisstischen Beziehung vorkommen, aber einige wiederholen sich innerhalb einer Beziehung immer wieder, bis der Kontakt völlig abgebrochen wird.

Narzissten üben innerhalb einer Beziehung seelische Gewalt aus und fühlen sich dadurch stark. So charismatisch sich Narzissten am Anfang einer Beziehung geben, so schnell wechseln sie in ihrem Verhalten zu Beleidigungen und Manipulationen und werten sie den Partner generell ab, wo es nur geht. Ein Narzisst entwickelt kein Zusammengehörigkeitsgefühl. Der Partner hat nur die Aufgabe, ihn zu bestätigen und ihm Bewunderung entgegenzubringen.

Versucht man, mit einem Narzissten über dessen Beleidigungen und Abwertungen zu sprechen, wird er diese Reaktion nicht würdigen, nicht einmal zuhören. Er wird seine Reaktion, seinen Streit und seine abwertenden Aussagen herunterspielen und behaupten, dass sie nicht so gemeint wären. Er wird versuchen, seinem Partner klarzumachen, dass dieser überreagiert und an seinen angeblich übersteigerten Gefühlen selbst schuld ist. Er ist nicht in der Lage, die Auswirkung seiner Beleidigungen zu erkennen oder nachzuvollziehen.

Ein Narzisst ist keiner vernünftigen Argumentation zugänglich.

Die Forderungen eines Narzissten können auch materieller Natur sein. Er fordert und wird andererseits immer behaupten, der andere wäre nur aufs Geld aus und würde versuchen, ihn zu bevormunden. Auf diese Weise bringt er den anderen dazu, seinen Wünschen nachzukommen.

Jedes Wort wird einem im Munde umgedreht, bis man selbst glaubt, es so gesagt zu haben. Man weiß irgendwann nicht mehr zu unterscheiden, was für einen selbst früher normal oder wünschenswert gewesen war und was nicht.

Egal was er auch verspricht, es wird nur von kurzer Dauer sein. Die erträglichen Phasen werden immer kürzer werden. Deshalb ist ein kompletter Kontaktabbruch ratsam. Lässt sich dies aufgrund von Kindern nicht machen, so müssen ganz klare Abmachungen und Abgrenzungen her. So schwer dies dem Partner fällt, so wichtig ist es allerdings für das weitere Leben, sich von solch einem Menschen zu befreien.

2.2 NARZISSMUS UND SEXUALITÄT

Narzissten leiden unter einer Art Gefühlsarmut, sie erleben wesentlich weniger und flachere Emotionen als andere Menschen. Sie kennen nicht die Breite und Tiefe von Emotionen, nicht die Bandbreite von Gefühlen. Sie erkennen auch nicht die feinen Unterschiede, wie sie bei bestimmten Erregungszuständen, so zum Beispiel bei Frust, Zorn, Ärger oder Wut, vorkommen. Was Sex anbelangt, so setzen sie sexuelle Erregung mit Liebe gleich, da sie ein Gefühl wie Liebe nicht kennen.

Die meisten Menschen wollen mit ihrem Partner verschmelzen, bei einem Narzissten besteht hierin eine große Gefahr. Der Narzisst besitzt gerade am Anfang eine ausgesprochen starke Attraktivität, und auch der erste Sex mit ihm wird als fantastisch empfunden. Dies wird auch noch eine ganze Weile andauern, und der Partner will ihm immer näher sein, immer mehr mit ihm verschmelzen, die Sexualität wird in vollen Zügen genossen. Der Narzisst gibt seinem Partner das Gefühl, das Beste zu sein, was er jemals erlebt hat, und in ihm die ganze Erfüllung gefunden zu haben.

Bald wird es allerdings dazu kommen, dass er von früheren Partnern berichtet, mit denen langweiliger und seltener Sex an der Tagesordnung gewesen sei. Sogar von vorgetäuschten Orgasmen des Partners wird die Rede sein. Es hätte keinerlei Eingehen auf ihn gegeben, auf ihn, der sich doch ständig solche Mühe gegeben hatte. Auch erzählt er manchmal von Affären seines Partners und seinem eigenen, damit verbundenen Leid. Der arme Tropf musste einfach sehr viel ertragen, obwohl er alles erdenklich Positive versuchte.

Nach ein paar Wochen wird man bemerken, dass irgendetwas fehlt. Manchmal muss man lange darüber nachdenken und in sich hineinfühlen, was es ist, denn an der Oberfläche stimmt alles. Schließlich kommt man darauf, dass es die Intimität ist. Es läuft alles reichlich gefühllos ab. Egal welche sexuelle Technik man ausübt, egal ob Methoden gewechselt werden, es fühlt sich immer wie gespielt an, nicht echt, sondern wie ein Schauspiel. Es wirkt alles mechanisch. Selbst Komplimente wirken wie auswendig gelernt und wiederholen sich immer wieder.

Es fehlt einfach die Wärme, die Verbundenheit. Die eigene Lust lässt dadurch nach, in der Zwischenzeit kommt es immer häufiger zu Streitereien und Erniedrigungen, und man fängt an, den Sex zu scheuen. Man fühlt sich gedemütigt und kann nicht einmal mehr eine Berührung des anderen ertragen. Dadurch kommt es schnell zu weiteren Vorwürfen, und die Situation wird immer unerträglicher, denn nur mit dem anderen zu schlafen, weil dieser es fordert, ist keine Lösung, sondern macht das Dilemma noch viel schlimmer.

In einer narzisstischen Beziehung kommen keine gemeinsamen Gefühle auf, man fühlt sich nicht aufgehoben.

Meistens wird der gemeinsame Sex schnell zur Pflichtübung. Die Forderungen des Narzissten werden immer höher, der eigene Antrieb immer geringer. Er wird anfangen, mit Trennung zu drohen. Am besten sollte man dieser sofort zustimmen, aber leider ist zu diesem Zeitpunkt das Abhängigkeitsgefühl meist schon so groß geworden, dass man sich dazu nicht in der Lage sieht.

Er wird anfangen, seine Vorstellungen vom gemeinsamen Sex immer deutlicher zu vermitteln, wird unter Umständen mit nuttigen Dessous ankommen und eine Stripshow, am besten auf High Heels, einfordern. Er wird erst versuchen, seinen Partner mit Bewunderung dazu zu bringen, seinen Vorstellungen nachzukommen, dann mit Missachtung. Am Ende wird er dem Partner die Schuld zuschieben, mit der Aussage, dass dieser sich verweigere, weil er ihn nicht liebe. Es kann auch sein, dass er ganz offiziell auf Pornos ausweicht, da man seinen Wünschen nicht nachkommt. Irgendwann wird er einen als frigide bezeichnen, und in der Zwischenzeit fühlt man sich auch wirklich so und würde am liebsten eine Therapie beginnen.

Da ein Narzisst nur oberflächliche Beziehungen führt, ist das auch in sexueller Hinsicht nicht anders. Er hat wenig Interesse am anderen. Es dominiert das Bedürfnis nach persönlichem Nutzen. Er findet es lästig, sich um Gefühle und Wünsche des Partners zu kümmern. Trotzdem schafft er es, immer wieder sehr verführerisch zu sein, womit er die Beziehung allerdings ausbeutet, und er ist oftmals sexuell ungehemmt.

Da der Narzisst keine tiefgehenden Gefühle empfindet, ist es für ihn völlig normal, mehrere Partner zu haben.

Oft frönt der Narzisst der sexuellen Promiskuität, der sexuellen Freizügigkeit, er hat also häufig wechselnden sexuellen Kontakt mit mehreren Partnern – nacheinander, aber auch gleichzeitig. Auch intime Begegnungen mit einem Expartner lösen keine moralischen Bedenken bei ihm aus, eher reizt es ihn, den anderen wieder von seiner Genialität zu überzeugen. Wenn sich der Partner endlich vom Narzissten getrennt hat, dann bedeutet das für ihn nicht, keinen Kontakt mehr zu haben. Er erinnert sich gerne an vergangene Liebschaften, es erzeugt eine Art Machtgefühl in ihm, und er wird immer wieder versuchen, diese aufleben zu lassen. Vor allem dann, wenn er sich einsam oder nicht anerkannt fühlt.

ALLTAG

Er ist ein notorischer Fremdgeher, er braucht die Bestätigung. Er sagt, dass ich trotzdem der Mittelpunkt seines Lebens sei. Meistens merke ich vor ihm, dass sich etwas anbahnt. Am Anfang tat es sehr weh, allmählich tut es immer weniger weh. Die Krönung war, als er sich an meiner Schulter ausweinte. Da wurde er mit seiner Affäre in flagranti von seiner zweiten, gleichzeitigen Affäre ertappt. Er fuhr nach Hause und weinte sich bei mir aus. Danke, das genügt!

Er will nicht zur Ruhe kommen, also wird er in Zeiten mit einem Stimmungstief zu Stimulanzien greifen, die ihn daraus hervorholen sollen. Dies sind im Allgemeinen Alkohol, Drogen, Pornografie, Glücksspiele, Kontakte auf Single-börsen oder Sex mit Expartnern.

Er braucht Aufregung und Trubel, Selbstbestätigung, einfach Action, sonst wird er missmutig und aggressiv. Und das alles möglichst schnell. Was also liegt näher, als den Kontakt zu einem der Expartner aufzufrischen? Verführerische Worte, die Kenntnis der Schwachstellen beim anderen, so kommt er meist schneller zum Ziel als bei einer neuen Errungenschaft. Der Expartner fällt leider viel zu häufig wieder auf diesen verliebten Blick herein, und der Narzisst wird am nächsten Tag mit stolzgeschwellter Brust das Haus verlassen.

Ein Spiel der Eitelkeiten, um die innere Leere nicht empfinden zu müssen.

Eigentlich beginnt damit wieder alles von vorn. Charmante Worte, gespielte Empathie, um zu einer schnellen sexuellen Befriedigung zu kommen, und der Expartner glaubt doch allen Ernstes viel zu oft an einen Neuanfang. Die beste Möglichkeit ist es, bei einer Kontaktaufnahme nicht zu antworten beziehungsweise den Hörer sofort wieder aufzulegen oder ihm die Tür vor der Nase zuzuschlagen, also ihn ganz einfach zu ignorieren. Das ist die einzige Form, die der Narzisst versteht. Der Narzisst hat Angst vor Einsamkeit und missbraucht andere Menschen, um seine innere Leere zu füllen.

Auch nach Beendigung der Beziehung wird es immer wieder Zeiten geben, in denen man nahezu einen Wutanfall bekommt, wenn man an diese Szenen zurückdenkt, daran, wie man mit sich umgehen ließ. Es braucht eine gewisse Zeit oder auch eine entsprechende Therapie, um die gemachten Erfahrungen verarbeiten zu können und die Schuldgefühle loszuwerden, um vorurteilslos eine neue Beziehung beginnen zu können.

Oftmals zieht der Narzisst viel zu früh bei seinem Partner ein, obwohl dieser das gar nicht möchte. Besser gesagt: Er geht einfach nicht wieder. Im ungünstigen Fall geht man dann auch noch zu schnell auf einen Heiratsantrag ein und sitzt erst recht in der Falle.

Mittels Überrumpelungstaktik kommt es schnell zu einer Eheschließung und auch zu Kindern.

Sex läuft unpersönlich ab, ohne Liebe oder andere Emotionen. Auch Romantik fühlt sich an wie gespielt. Selbst wenn er eine romantische Atmosphäre mit Kerzenlicht und allem Drum und Dran inszenieren will, wirkt es immer wie auf einer Bühne. Beim Sex hat man das Gefühl, dass es dem Narzissten mehr darum geht, den Partner zu befriedigen, um sein Selbstwertgefühl zu stärken, als dass er selbst etwas dabei fühlt. Auf der anderen Seite legt er Wert darauf, dass der Partner sich Mühe gibt, ihm zu gefallen, auch das steigert sein Selbstwertgefühl. Es geht nicht darum, dass dem Partner dies Spaß macht, er braucht das Gefühl, ein Macher zu sein, der Macht über den anderen hat, egal was dieser dabei fühlt.

Es kann auch passieren, dass er Sex verweigert und seinem Partner die Schuld zuschiebt. Weil der Partner sich falsch verhalten hat, bekommt er zur Bestrafung keinen Sex. Auch wenn er selbst darunter leidet, so wird er dennoch die Schuld auf den Partner abschieben, der jetzt eine doppelt so große Schuld zu tragen hat. Sex wird zum Druckmittel. Es kann auch dazu kommen, dass diese Reaktion als Ausrede für Affären herhalten muss. Oder er benutzt Sexportale und Partnerbörsen im Internet, auf denen er viele potenzielle Partner anschreibt, meist mit demselben Text. Dort wird er dann von seinem frigiden Partner berichten.

Narzissten brechen Menschen mit den unterschiedlichsten Manipulationsmitteln, auch Sex gehört dazu. Eigentlich besäße der Narzisst am liebsten einen Harem. Er sammelt geradezu Menschen. Da er eine riesengroße Menge an Bewunderung und Aufmerksamkeit braucht, braucht er auch mehrere Partner, bei denen er sich abwechselnd die nötige Bewunderung abholen kann. Dazu gehören seine Expartner sowie potenzielle künftige Partner, aufstocken kann er das Ganze noch mit Familienangehörigen, die er benutzt, und auch Freunden, im Sinne von Kameradschaft, die ebenso missbraucht werden. Hauptsache, diese Menschen erkennen seine Überlegenheit kritiklos an.

Sex ist für ihn Mittel zum Zweck.

Die Benutzermentalität des Narzissten bringt ihn dazu, viele Beziehungen nicht wirklich zu beenden. Er hat oft auch gleichzeitig mehrere Affären mit verheirateten Partnern, mit denen er sich im ungünstigen Fall sogar noch brüstet. Es kann passieren, dass er seiner neuen Auserkorenen davon erzählt, mit dem Hintergrund, dass diese Frauen gewillt seien, ihre Männer für ihn zu verlassen, aber er wolle das ja nicht. Wenn man so etwas hört, ist höchste Vorsicht geboten. Man ist buchstäblich nur Frischfleisch für ihn, Freiwild, das bald in der Rangordnung nach unten rutschen wird. Er hat auch kein bestimmtes Wunschbild vom Partner, es kommt vorwiegend darauf an, wie bereit dieser Partner dazu ist, zu geben und schlechtes Benehmen des anderen zu entschuldigen, und wie leicht er sich führen lässt. Alles andere ist völlig unwichtig für ihn.

Die emotionale Macht eines Narzissten geht so weit, dass sich sein Opfer verzaubert fühlt, bis das böse Erwachen kommt, das Opfer aber leider keine Kraft mehr besitzt, sich aus diesem Netzwerk, das wie ein klebriges Spinnennetz wirkt, zu befreien. Meist wissen die verschiedenen Partner, die er gleichzeitig hat, nichts voneinander, denn sonst würden seine Lügengebilde zu schnell zusammenbrechen. Aber er bringt es auch fertig, seine Partner auch gegeneinander auszuspielen. Und jeder von ihnen gibt sich die größte Mühe, ihn bei sich zu behalten, ohne zu erahnen, dass er nur an sich selbst denkt und dass für ihn alles nur ein großes Spiel ist. Es geht nie um die Partner, egal ob sie erfolgreich sind oder nicht, egal ob sie arm sind oder reich, es geht nur darum, wie viel Bewunderung ihm entgegengebracht wird.

Er liebt es, mit seinen sexuellen Erlebnissen zu prahlen.

Pornosucht kommt vor allem bei männlichen Narzissten vor. Bekommt die Partnerin das mit, wird sie im Allgemeinen als Erstes die Schuld bei sich selbst suchen. Fehlt es am Aussehen, an der Attraktivität oder eher an sexuellen Praktiken zur Abwechslung? Überhaupt wird die Frau immer unsicherer werden. Man fühlt sich als Partner betroffen, obwohl man eigentlich überhaupt nichts mit diesem Thema zu tun hat und gar nicht der eigentliche Grund oder Anlass ist.

Unsicherheit und Zweifel kommen auf. Der Wunsch, alles richtig zu machen. Auf der anderen Seite braucht der pornosüchtige Partner – wie jeder Süchtige – immer stärker werdende Reize. Er wird sich nicht wirklich befriedigt fühlen. Man fühlt sich verletzt und verliert das Vertrauen in den anderen, aber auch in sich selbst. Spricht man ihn darauf an, so wird er diverse Lügenmärchen erzählen und die Schuld auf seinen Partner abwälzen – nach dem Motto, dass es ganz normal sei, bei solch einem asexuellen Partner derartige Gelüste zu verspüren. Und zur Beruhigung wird er versichern, er bleibe dennoch bei ihm, weil er ihn liebe. Schon sitzt der andere wieder in der Liebesfalle. Der Narzisst wird seinem Partner Verklemmtheit oder Frigidität vorwerfen, auch krankhafte Eifersucht, obwohl es der Narzisst ist, der krankhaft eifersüchtig ist. Auch der Vorwurf, altmodisch zu sein, ist typisch.

Dem männlichen Narzissten ist es nicht peinlich, in der Öffentlichkeit über intime Details früherer Beziehungen zu reden. Er will unbedingt seine Einmaligkeit unter Beweis stellen. Er stellt sich gerne als unwiderstehlicher Frauenheld dar. Allerdings betrachtet er die Frau nur als Objekt, als Mittel zum Zweck, als Selbstbestätigung. Innigkeit, Zärtlichkeit und Vertrauen sind ihm fremd innerhalb einer Beziehung, jedoch auch außerhalb einer Beziehung. Der Narzisst will jagen und erobern, er will Sex und keine Liebe.

ALLTAG

Wir sind zusammen in unserer Stammwirtschaft. Schon wieder bringt mein Partner als Erstes in voller Lautstärke das Thema Sexualität an. Wie oft und wie viel er könne, wie wahnsinnig potent er sei. Das an sich finde ich schon peinlich, seine Nachfragen nach der Sexualität der anderen sind jedoch noch peinlicher. Eigentlich sind sie unverschämt und grenzübertretend, jeder der Beteiligten winkt nur ab, statt mal ein Machtwort zu sprechen und sich so etwas zu verbieten.

Der Narzisst schreckt bei der Abwertung seiner früheren Partner vor nichts zurück, er wird keine Geschmacklosigkeit auslassen, und man fragt sich wirklich, wofür man ihn eigentlich bewundern soll. Er schreckt auch nicht davor zurück, seine ehemaligen Partner als alkoholabhängig oder als Lügner zu bezeichnen, meist Dinge, die eigentlich ihn selbst betreffen.

Die andere Seite ist die völlige Überzeichnung des Expartners ins Positive, gerade was Sex anbelangt. Es werden die Kreativität und die Häufigkeit hoch gelobt, um den jetzigen Partner unter Druck zu setzen. Somit wird quasi der neue mit dem alten Partner erpresst.[25]

2.3 DIE BEZIEHUNGSDYNAMIK ZWISCHEN EMPATH UND NARZISST

Menschen mit ausgeprägter Empathie sind besonders anfällig für Narzissten. Sie versuchen in besonderem Ausmaß, andere Menschen zu verstehen und zu unterstützen. Narzissten fühlen sich magisch angezogen von ihnen, da sie selten, und wenn, dann meist nur vorsichtig, Kritik äußern. Narzissten streben nach dominanten Positionen, auch in der Partnerschaft, das fällt mit einem Empathen leichter.

Man geht davon aus, dass zehn Prozent der empathischen Veranlagung genetisch bedingt, also in den Genen fest verankert sind.[26]

Narzisst und Empath finden sich, da ihre Persönlichkeitsstrukturen perfekt zueinanderpassen. Leider befindet sich der Empath dabei in der Opferrolle. Einfach ausgedrückt, neigt der Empath dazu, es anderen recht machen zu wollen, und der Narzisst wertet ihn ab, um sich selbst besser zu fühlen. Treffen sich die beiden, beginnt recht schnell eine für den Empathen schmerzvolle Abwärtsspirale.

Der Narzisst erwartet von seinem Partner Unterwerfung und Gehorsam, aber nicht gleich von Anfang an. Vorerst geht er scheinbar gefühlvoll auf seinen empathischen Partner ein und spiegelt sogar dessen Meinungen wider. Erst nach und nach beginnt er sein unfaires Spiel. Er bringt seinen Partner in schwache Positionen, verwickelt ihn in Selbstzweifel, übt so Macht aus und zeigt ihm damit auf, wie abhängig er von ihm ist.

Der Narzisst wird immer beschwören, dass sein Partner der Mittelpunkt seines Lebens ist, egal ob er fremdgeht oder ihn abwertet. Er wird ihn emotional erpressen, wo es nur geht. Auch hat er ein besonderes Gespür dafür, wann er seinem Partner mit Trennung drohen kann, nämlich genau dann, wenn dieser emotional nicht dazu bereit ist. Er spielt dabei mit der Trennungsangst seines Partners und nutzt diese weidlich aus, um ihn zu Zugeständnissen zu zwingen.

Der Narzisst nutzt die Sensibilität und Kooperationsbereitschaft des Empathen aus.

Selbst bei einer schweren Krankheit des Partners wird er nicht mit Beleidigungen geizen, um ihn zu verletzen und zu erniedrigen. Andererseits wird er ihm versichern, dass er zu ihm hält, auch in diesen schlimmen Zeiten. Allerdings nur, wenn dieser zu einer Gegenleistung bereit ist. Nichts ist dem Narzissten fremder als bedingungslose Liebe.

ALLTAG

Er hatte Hodenkrebs, die Therapie hinter sich und die Krankheit endlich überstanden. Nun beschimpft sie ihn und behauptet, er wäre kein richtiger Mann mehr. Sie will Bestätigung, dass er sie noch liebt. Er versucht, ihr jeden Wunsch zu erfüllen, aber es ist nie genug, sie will immer mehr – immer mehr Bestätigung, immer mehr Geld. Sie hat immer mehr Wünsche und Forderungen.

Empathen haben im Allgemeinen ein ausgeprägtes Helfersyndrom und sitzen dem Irrglauben auf, sie könnten einen solchen Menschen ändern. Sie glauben wirklich, dass sich der andere dank ihrer Liebe – sofern er sie nur erkennen würde – positiver verhalten würde. Dies bringt sie in eine emotionale Abhängigkeit, die es schwer macht, sich vom Partner zu lösen, im Besonderen natürlich, wenn es auch Kinder gibt. Und nicht zu unterschätzen ist die Angst vor der Reaktion der Umgebung, die diese Trennung nicht verstehen wird, da sich der Narzisst in Gesellschaft normalerweise freundlich und zuvorkommend zu benehmen weiß. Es bekommt nur selten jemand die Beleidigungen und Verletzungen mit, die meist nur zu Hause oder zumindest unter vier Augen ablaufen.

Der Empath hat das Problem, nicht rechtzeitig an sich zu denken und sich nicht wichtig genug zu nehmen. Er ist zu oft mit den Gefühlen seiner Umgebung beschäftigt und vergisst darüber, auf sich selbst zu achten. Erst wenn der Empath ein gesundes Selbstbewusstsein entwickelt hat und beurteilen kann, was gut für ihn ist, ist er in der Lage, die Verantwortung für sich selbst zu übernehmen und somit auch Grenzen zu ziehen.

Der Narzisst fordert, und der Empath gibt.

Der Empath zieht regelrecht Menschen an, die um sich selbst kreisen und kein Mitgefühl zeigen, und versucht dabei, auch noch deren Last zu tragen. Er erträgt es nicht, jemanden leiden zu sehen. Und da der Narzisst ständig bezeugt, dass die ganze Welt an seinem Elend schuld ist, fühlt sich der Empath dazu aufgefordert, ihm zu helfen. Daraus ergibt sich eine besondere Beziehungsdynamik zwischen Empath und Narzisst, denn sie bedingen sich gegenseitig. Der Empath liebt es, zu lieben, und der Narzisst vermittelt gerade am Anfang der Beziehung das Gefühl, genau den richtigen Partner fürs Leben gefunden zu haben. Doch je mehr der Empath liebt, desto mehr Missachtung zeigt der Narzisst. Je mehr Missachtung der Narzisst zeigt, desto mehr versucht der Empath, seine Liebe zu beweisen und immer noch mehr Verständnis aufzubringen, da er sich schuldig an dieser Misere fühlt. Der Narzisst verunsichert den Empathen immer mehr und übernimmt die emotionale Kontrolle, es beginnt ein Abhängigkeitsgefühl, aus dem sich der Empath schwerlich zu befreien weiß. Er gibt immer mehr, der Narzisst nimmt immer mehr.

Der Narzisst tritt dem Empathen gegenüber sehr selbstbewusst auf, wie er es auch in der Öffentlichkeit praktiziert. Meist spricht er laut und sehr bestimmt, und eigentlich duldet er keine Widerrede. Er allein kennt die Wahrheit und scheut sich auch nicht, diese weit in die Welt hinauszutragen. Dafür fordert er entsprechende Bewunderung ein. Ein empathischer Mensch wird sich schnell immer weiter zurückziehen, wenn er zusammen mit einem Narzissten in der Öffentlichkeit unterwegs ist, vor allem, wenn es sich um den eigenen Partner handelt. Denn sonst würde ihn seine „bessere Hälfte" ständig verbessern und/oder unterbuttern. Andererseits zieht auch der Empath einen Nutzen aus der Beziehung, denn der Narzisst nimmt ihm die eigene Konfrontation mit der Umwelt ab.

Der Narzisst nimmt dem Empathen so manche Widrigkeit im Alltagsleben ab.

Der Empath sehnt sich in seinem Innersten nach wirklich tiefen, weitgehenden und warmherzigen, verständnisvollen Beziehungen. Er selbst ist im Allgemeinen sehr aufrichtig, authentisch und verständnisvoll veranlagt und kann sich das Tun eines Narzissten, seine Lügen und Manipulationen, überhaupt nicht vorstellen, und entsprechend schwer fällt es ihm, diese zu erkennen. Zumal ihm dieser am Anfang den absoluten Seelenzwilling vorspielt. Also wähnt sich der Empath glücklich, weil er endlich jemanden gefunden hat, der ihn versteht, so wie er ist. Deshalb fällt es ihm zunächst einmal nicht auf, wenn die Beziehung allmählich belastend wird, nur zu gerne nimmt er die Schuld dafür auf sich und zweifelt eher an sich selbst.

Ist der Empath sich seiner selbst nicht sicher, so ist er das absolut passende Gegenstück zu einem Narzissten. Ein „entwickelter" Empath, der in sich ruht und selbstsicher ist, durchschaut die Machenschaften eines Narzissten und wird sich nicht darauf einlassen, zumindest nicht lange. Er zweifelt nicht mehr an sich, weiß, was ihm guttut, und hat gelernt, eindeutige Grenzen zu ziehen.

Um wirklich kommunizieren zu können, muss man sich auf die Ebene seines Gegenübers begeben. Man kann zum Beispiel nicht davon ausgehen, dass ein Hund anfängt, zu denken wie ein Mensch. Nein, der Mensch muss anfangen, zu denken wie ein Hund, sonst wird eine Verständigung nicht funktionieren. Nicht anders läuft es bei einer Beziehung mit einem Narzissten ab. Schafft man es, sich in die Gedankenwelt des Narzissten zu begeben, dann wird einem sehr schnell sehr viel klar. Dazu muss man diese Gedankengänge nicht zu seinen eigenen machen, aber man sollte versuchen, sie nachvollziehen zu können. Das fällt einem Empathen besonders schwer, der nur an das Gute im Menschen glaubt. In diesem Fall muss der Empath lernen, in den Kampf zu ziehen und klar Stellung zu beziehen. Lange Diskussionen sind hier fehl am Platze. Das Bedürfnis des Empathen nach Frieden und Harmonie muss hintangestellt werden, sonst kann er sich dem manipulativen Zugriff des Narzissten nicht entziehen.

Der Empath ist gefordert, seine Selbstsicherheit und sein Selbstwertgefühl zu entwickeln.

Es ist ein großer Schritt für einen Empathen, festzustellen, dass ein narzisstischer Mensch nicht lieben kann, egal was man für ihn tut. Und letztendlich geht es in solch einer Beziehung nicht nur darum, klare Grenzen zu setzen, sondern darum, eine Trennung zu vollziehen.

2.4 NARZISST UND PAARTHERAPIE

Bei einer narzisstischen Paarbeziehung wird empfohlen, dass sich beide Partner therapeutisch behandeln lassen, damit auch der Partner mehr über den richtigen Umgang mit Narzissten lernen kann. Der Narzisst wird sich unter Umständen auf eine Paartherapie einlassen, allerdings nicht wegen seines narzisstischen Hintergrunds, sondern weil er davon ausgeht, dass jedwede Schuld auf seinen Partner abgeladen wird. Sollte ernsthaft eine narzisstische Störung zur Sprache kommen, so wird der Narzisst meist die Therapie schleunigst unter irgendeinem anderen Vorwand abbrechen.[27]

Der Anstoß zu einer Therapie geht so gut wie nie vom Narzissten selbst aus. Nach endlosem Überreden kommt er manchmal mit zu einer Paartherapie. Doch dann kann das Ganze zum Horrortrip ausarten – wenn der Narzisst nämlich anfängt, seine Seite zu schildern. Denn er ist nach seiner Sicht derjenige, der ausgenutzt wird und sich völlig ausgelaugt und jeglicher Energie beraubt fühlt. Er erzählt, wie schlecht es ihm in der Beziehung geht, wie schlecht er behandelt wird, dass der andere lügt und ihn betrügt, dass er ihn missachtet, missbraucht und unter Umständen sogar handgreiflich wird und dass keine normale Kommunikation mehr möglich ist. Er verdreht Tatsachen, verleugnet wichtige Dinge und stellt sich als Opfer dar. Er hat zu allem Lügen und Ausreden parat. Falls dies der Therapeut nicht bemerkt, so kommt es zu einer Schuldumkehr, und im ungünstigsten Falle glauben Sie dem Therapeuten und fühlen sich schlechter als vorher.

Besser ist es natürlich, wenn der Therapeut den krankhaften Narzissten erkennt, das soll es durchaus geben. Allerdings ist dann die Wahrscheinlichkeit sehr groß, dass der Narzisst umgehend die Therapie abbricht, denn er ist sich ja keiner Schuld bewusst. Der Narzisst weiß prinzipiell alles besser. Er wird in der Paartherapie versuchen, sich mit dem Therapeuten zu verbinden, um dem eigenen Partner zu verdeutlichen, dass dieser an allem schuld sei. Ob der ganzen Lügen und Niederträchtigkeiten, die einem entgegengebracht werden, fällt es schwer, das Thema konstruktiv anzugehen.[28]

Eine Therapie ist immer die Möglichkeit einer persönlichen Weiterentwicklung.

In der Zwischenzeit wird der Narzisst seine Liebe und Partnerschaft beschwören, damit der andere zu Zugeständnissen bereit ist und dahinschmilzt. Er wird seinen Partner immer als Liebe seines Lebens bezeichnen, obwohl er zu echter Liebe überhaupt nicht fähig ist.

Vernünftiger ist es so manches Mal, die Therapie alleine zu machen, um so viel Selbstbewusstsein zu entwickeln, dass man die Kraft hat, sich endlich von solch einem Partner zu trennen.

2.5

TRENNUNG VON EINEM NARZISSTEN

Irgendwann ist der Selbsterhaltungstrieb größer als die Liebe. Sobald der Wunsch nach einer Trennung aufkommt, sollte man diesem so schnell wie möglich nachgehen. Je länger die Beziehung dauert, desto schwieriger wird es, sich zu trennen. Das eigene Selbstwertgefühl wird immer schlechter, die Beleidigungen und Abwertungen hinterlassen ihre Spuren, und das eigene Urteilsvermögen nimmt extrem ab. Sich durchzusetzen wird im Laufe der Zeit immer schwieriger. Abgrenzung ist nahezu nicht mehr machbar, da der Narzisst es schafft, die Schuld immer dem anderen zuzuschieben.

Der Betroffene muss erkennen, dass diese Form der seelischen Gewalt in keiner Weise normal ist. Er muss lernen, sich selbst wieder wichtig zu nehmen, und sein Selbstwertgefühl stärken, damit er sich von seinem narzisstischen Partner trennen kann. Er darf sich nicht die Energie rauben lassen. Niemand hat das Recht, einen schlecht zu behandeln.

ALLTAG

Es ändert sich einfach nichts, er hat fast vollständig die Kontrolle über mein Leben übernommen. Ich kann nicht mehr normal schlafen, und tagsüber warte ich zitternd, bis er zur Tür hereinkommt und die Vorwürfe und Erniedrigungen wieder von vorn beginnen. Ich kann nicht mehr, ich bin nicht mehr ich selbst. Irgendwann jedoch setzt mein Überlebenswille ein. Vor einem Feiertag kehren mein Nachbar und ich gemeinsam die Straße, auch vor den Häusern der arbeitenden Nachbarn. Als er nach Hause kommt, gibt es einen riesengroßen Streit darüber, was die Menschen im Ort über ihn und mich denken sollen. Ich meine dazu nur, dass sie wohl gesehen haben, dass mein Nachbar und ich die Straße für alle gekehrt haben. Aber nein, meint er, es sei das offizielle Geständnis, dass ich mit meinem Nachbarn eine Affäre habe und ihn lächerlich mache. Wir streiten stundenlang über dieses Thema, bis ich nicht mehr kann und ihn nun wirklich vor die Tür setze, mit der klaren Ansage, dass dies das letzte Mal war.

Bis man an dem Gedanken zu einer Trennung angelangt ist, hat man meist schon alles Erdenkliche versucht, die Beziehung zu retten. Man ist weit über die eigenen Grenzen hinausgegangen und am Ende seiner Kräfte. Weil der Narzisst die Wahrheit ständig nach seinem Belieben verdreht, wird sein Partner das Gefühl haben, die Schuld an der bevorstehenden Trennung allein übernehmen zu müssen, und somit kommt wieder Mitleid mit dem Narzissten auf. Den Narzissten lassen die Gefühle des anderen allerdings völlig kalt, auch wenn dieser in Tränen aufgelöst sein sollte. Und wenn der

Narzisst nur lange genug auf die Fehler des anderen hingewiesen hat, wird dieser die Verantwortung auch übernehmen.

Erinnern Sie sich in solchen Momenten daran, wie es Ihnen vor der Beziehung mit diesem Narzissten ging. Mit Sicherheit waren Sie positiver gestimmt und energiegeladener. Es kann nach einer Trennung also nur besser werden. Nach einer Trennung keinen Kontakt mehr zu haben, ist die Grundvoraussetzung dafür, dass es besser wird und keine Energie mehr abgezogen wird. Auch wenn man den körperlichen, den persönlichen Kontakt abgebrochen hat, ist es schlimm genug, dass man sich ständig Gedanken macht, indem man an irgendwelche Situationen und Verletzungen in der Vergangenheit denkt. Auch diese Vorgehensweise muss man nach und nach beenden. Am besten, indem man sich ganz bewusst mit anderen, bewusstseinserweiternden, positiven Dingen beschäftigt. Eine regelmäßige Mantrameditation hilft hier am schnellsten. Nichts ist schlimmer, als wenn wir weiter unsere Gedanken um den Narzissten kreisen lassen.

Trennt man sich von einem Narzissten, so wird er versuchen, einen zurückzuerobern, mit allen Mitteln und Möglichkeiten, auch unlauteren. Oftmals läuft das dann so ab, dass, wird die Beziehung tatsächlich wieder aufgenommen, sich der Narzisst kurz danach von seinem Partner trennt, denn dann ist er es, der die Beziehung beendet. Er hat den anderen verlassen und steht wiederum gut da und wird allen Menschen, die es nicht wissen wollen, erzählen, warum er sich getrennt hat.

Ein Narzisst respektiert nicht, dass er verlassen wird. Er erkennt die Trennung nicht an, da sie eine derartig niederschmetternde Niederlage für ihn ist, dass er sie nicht zulassen kann. Er wird sich immer wieder melden oder einfach so tun, als wäre nichts geschehen. Er reagiert völlig überrascht, wenn man ihn an die vollzogene Trennung erinnert, und kann diesbezüglich unter wahrer Amnesie leiden. Hier hilft nur eine völlige Ignoranz, kein Darüberreden mehr, keine Richtigstellung, keine Kommentare, einfach nichts!

Mit dem in Kapitel 2.1 beschriebenen Hoovering versucht der Narzisst, seinen ehemaligen Partner wieder gekonnt und unbemerkt um den Finger zu wickeln, um ihn manipulieren zu können und Macht auszuüben. Lassen Sie sich nicht als Lückenfüller missbrauchen. Der Narzisst wird immer wieder ankommen und versuchen, an allen Fäden zu ziehen, wenn ihm gerade niemand anders zur Verfügung steht. Und jedes Mal wird er wieder seine Liebe beschwören. Eine Trennung vonseiten des Partners wird von einem Narzissten oft auch Jahre danach noch nicht akzeptiert, eher beginnt ein vielfältig gearteter Rachefeldzug.

ALLTAG

Nach der Trennung gehen die Lügengeschichten erst recht los. Hatte er nicht von Anfang an im Ort Lügen über mich verbreitet, um sich selbst zu erhöhen und mich niederzumachen? Jetzt übertrifft er sich selbst. Ich vermeide es, das Haus öfter als nötig zu verlassen, nicht wegen der Lügengeschichten, sondern wegen seiner aggressiven Ausbrüche, wenn ich ihm begegne. Er wirft auch seinen Freunden vor, schuld an unserer Trennung zu sein, und unterstellt ihnen Affären mit mir.

Das Ganze weitet sich so aus, dass es an Stalking grenzt. Ich überlege, den Wohnort zu wechseln. Nein, das sehe ich nicht ein. Er versucht, mich zurückzuerobern. Jedes vernünftige, klare Gespräch mit ihm ermuntert ihn dazu. Ich beschließe, ihn einfach zu ignorieren. Im Nachhinein stellt sich das als beste Lösung heraus. Aber ich muss lange durchhalten. Das ist es wert!

Trennt sich allerdings der Narzisst von seinem Partner, so wird er dies ohne Aufheben vollziehen, ohne Vorwarnung und ohne weitere Erklärung. Will sich ein Narzisst trennen, dann wird er eine Fülle von Schwierigkeiten herbeireden und die Schuld seinem Partner zuschieben. Er wird die Liebe seines Partners anzweifeln und immer mehr Beweise verlangen. Er wird in jeder Hinsicht immer fordernder auftreten, und wehe, sein Partner antwortet: „Dann geh doch!“. Irgendwann ist der Partner derartig seiner Energie beraubt, dass er nicht mehr anders kann. Somit kann der Narzisst dem Partner die Schuld geben. Dies wird er im Nachhinein auch entsprechend verkünden und mit allen möglichen Lügen aufpeppen, die bis hin zu Erzählungen über die gemeinsame Sexualität reichen können, die weder wahr sind noch in die Öffentlichkeit gehören.

Wenn der Narzisst gehen will, kann es auch plötzlich heißen, er habe seine neue Liebe des Lebens gefunden. Dann ist der jetzige Partner auf einmal nicht mehr gut genug. Zu einer Aussprache wird es nicht kommen. Geht allerdings diese neue Beziehung in die Brüche, wird er schnell wieder mit Versprechungen und Komplimenten vor der Tür stehen.

Irgendwann haben Sie den Egoismus, die Rücksichtslosigkeit, die Negativität und das Jammern satt, und die abwehrenden Gefühle steigen bis zur Wut an. Nutzen Sie dies aus und trennen Sie sich! Auch wenn im Nachhinein Einsamkeitsgefühle aufkommen werden, wenn Sie sich an schöne gemeinsame Stunden erinnern. Denken Sie dann besser an die mangelnde Wertschätzung, an den Energieräuber, und seien Sie froh, Zeit für sich zu haben. Lernen Sie, damit konstruktiv umzugehen, und machen Sie sich auf keinen Fall Gedanken darüber, was Sie eventuell falsch gemacht haben!

Wichtig ist, jeglichen Kontakt abzubrechen und auch die entsprechenden Kontaktmöglichkeiten zu unterbinden. Blockieren Sie ihn und seine Nummer auf Ihrem Mobiltelefon wie auch auf sämtlichen Social-Media-Kanälen. Legen Sie sich im Zweifelsfall eine neue E-Mail-Adresse zu, und blocken Sie ab, falls Ihnen jemand aus dem Bekanntenkreis etwas von Ihrem Expartner erzählen möchte.

Vermeiden Sie Diskussionen mit Freunden oder Verwandten, denn keiner weiß so gut wie Sie, was abgelaufen ist.

Geht die Trennung von einem Narzissten mit einer Scheidung einher und/oder sind auch gemeinsame Kinder vorhanden, so wird die Sache kompliziert. Auf dieser Grundlage hat der Narzisst viele Möglichkeiten, seine Rachegefühle auszuleben, und er wird dies auch tun. In welcher Form auch immer, es gibt mannigfaltige Möglichkeiten, den Expartner zu terrorisieren und unter Druck zu setzen. Der Narzisst wird immer die Erniedrigung des Expartners anstreben, vor allem dann, wenn der Expartner sich von sich aus getrennt hat. Jedes Mittel ist ihm recht, den anderen niederzumachen und zu zerstören, auch auf dem Rücken der Kinder. Er wird lügen und versuchen, mit List und Tücke den anderen zu übervorteilen. Hier hilft es nur, hart und konsequent zu bleiben.

Wegen der erlittenen psychischen Gewalt in einer solchen Beziehung kann es nach der Trennung zu vielfältigen Beschwerden beim Opfer kommen. Es können unspezifische Symptome wie Schlaflosigkeit, Blutdruckstörungen oder Migräne auftreten, oftmals werden die Ursachen hierfür gar nicht erkannt. Eher findet man den Bezug, wenn es um Albträume oder Angststörungen geht. Hier hilft es nur, sich mit dem Thema auseinanderzusetzen, im Zweifelsfall auch mit professioneller Hilfe. Ansonsten ist die Gefahr sehr groß, abzugleiten in überhöhten Drogen- oder Alkoholkonsum, auch Essstörungen kommen vor, oder man stürzt sich im Übermaß in die Arbeit.

Scheuen Sie sich nicht, Selbsthilfegruppen aufzusuchen.

In solch einer Beziehung gibt es kein Happy End, niemals, höchstens einen nicht enden wollenden Leidensweg. Definieren Sie Ziele für Ihre Zukunft, nur Sie allein wissen, was gut für Sie ist. Narzissten sind dazu in der Lage, mit ihrer Art und ihrer Überzeugungskraft andere ihres gesunden Menschenverstandes zu berauben. Es bleibt Ihnen nichts anderes übrig, als bei der Trennung zum Schauspieler zu werden. Sehen Sie sich wie auf einer Bühne, auf der Sie total cool den anderen abservieren und mit Missachtung strafen, das hilft.

Trotzdem kommt es oft zum Rückfall, weil der Narzisst anfängt, wie ganz zu Beginn der Beziehung um seinen Partner zu werben. Dazu kommt, dass wegen der in der Zwischenzeit entstandenen emotionalen Abhängigkeit der Trennungsschmerz sehr groß ist, und so ist man schnell dabei, eine Extrarunde zu drehen. Dieses On-off, dieses Hin und Her, dieses „Ich liebe dich – ich liebe dich nicht" verursacht eine immer größer werdende emotionale Abhängigkeit. Diese Abhängigkeit besitzt Suchtcharakter und bei Entzug entstehen Entzugserscheinungen. Wenn der Narzisst beispielsweise mit Blumen in der Hand und einem Liebesbrief vor der Tür steht, wenn er von woanders keine Energie mehr bekommt, denkt der Expartner an einen Neustart, weil er den Beteuerungen des Narzissten glaubt. Und dann geht es wieder von vorne los, wie beim Alkoholismus.

Erinnern Sie sich an die vielen Lügen und die Missachtung, die Ihnen entgegengebracht wurde.

Mitten in einem Rückfall fällt die Entscheidung schwer, sich erneut zu trennen. Aber der Narzisst ändert sich nicht, er macht seinem Partner nur etwas vor. Stellt sich der Alltag ein, wird der Partner wieder auf den Boden der Tatsachen geholt. Wenn er zum wiederholten Male am Boden zerstört ist, ist er meist so weit, zu erkennen, wie und dass er sich trennen kann. Auch wenn der Anfang schwer ist, stellt sich schnell ein gutes Gefühl ein, wenn man wieder Herr über sich selbst ist. Es hilft, diesen Vorgang nicht als normale Trennung anzusehen, sondern als Sucht und Suchttherapie. Man muss sein eigenes Verhalten ändern und darf nicht davon ausgehen, dass der Narzisst sich ändert. Bauen Sie innere Stärke auf, und suchen Sie Hilfe, eventuell auch in Selbsthilfegruppen. So werden Sie immer widerstandsfähiger.

Die Schwierigkeit besteht darin, dass Sie als Partner eines Narzissten keinen Selbstwert mehr empfinden. Sie sind in der Zwischenzeit vom Lob des Narzissten abhängig und glauben nicht mehr an sich selbst. Dazu kommt, dass man den Kontakt zu Freunden und Familie verloren hat, denn der narzisstische Partner isoliert einen, und so bekommt man kein gesundes Feedback von anderen Menschen mehr. Man findet sich allein und gefangen in der Welt des Partners wie in einem klebrigen Spinnennetz. Erst wenn man die Trennung wirklich überstanden hat, erkennt man, welchen Schaden man während dieser Beziehung genommen hat. Sie gleicht einer Art Gehirnwäsche, und es erfordert danach viel Kraft, wieder zu sich selbst zu finden. Nicht nur körperlicher Missbrauch schädigt den anderen, sondern auch verbaler. Die Gehirnfunktionen werden beeinträchtigt, und es kann zu einer Vielzahl psychischer Störungen kommen. Es erfordert viel Energie und Zeit, sich aus einer narzisstischen Beziehung zu lösen, und erst wenn man sie überwunden hat, stellt man fest, wie überlebensnotwendig die Trennung war.

Befreien Sie sich aus dieser zwanghaften Lähmung, es wird Schritt für Schritt leichter werden.

Das Wichtigste bei der Trennung von einem Narzissten ist wirklich, ihn zu ignorieren. Nur wenn Sie ihn vollständig ignorieren, geben Sie ihm keine Energie und Reaktionsmöglichkeit und lassen sich nicht provozieren. Selbst wenn er Ihnen vorwirft, ihn betrogen zu haben, lassen Sie sich nicht in eine Rechtfertigungshaltung zwängen. Wenn man selbst Ungerechtigkeiten hasst, fällt dies natürlich besonders schwer. Der Narzisst will eine Reaktion von Ihnen, er will Macht über Sie ausüben, und er kennt Ihre Schwachstellen und weiß sich ihrer zu bedienen. Bei einer Konfrontation werden Sie jedoch immer verlieren, denn allein dadurch, dass er Sie zur Reaktion zwingen konnte, hat er wieder die Oberhand gewonnen.

Es gibt durchaus die Phase, in der man an Rache denkt und sich revanchieren will. Aber die beste Rache ist, ihn links liegen zu lassen, so treffen Sie ihn am tiefsten, denn dadurch fühlt sich der Narzisst bedeutungslos und nutzlos. Und kommen Sie nicht auf den Gedanken, kontrollieren zu wollen, wie der Narzisst auf Ihre Ignoranz reagiert, denn dann wäre Ihre Aufmerksamkeit immer noch auf ihn gerichtet und hielte Sie davon ab, nach vorn zu blicken. Es nutzt nichts, ihm den Krieg zu erklären, denn Konflikte geben ihm Energie und Ihnen rauben sie Kraft, eine sehr ungleiche Situation.

Falls Sie ihn treffen, beachten Sie ihn nicht, sondern sehen Sie geradewegs durch ihn hindurch.

Bei einer intakten Beziehung sehnt man sich nicht nach der Beendigung. Und selbst wenn es irgendwann einmal zu einer Trennung kommt, dann sollten sich beide Partner die Verantwortung dafür teilen. Es ist nie nur einer schuld am Untergang der Beziehung. Außerdem hat man im Allgemeinen vor der Trennung eine lange Zeit versucht, an der Beziehung zu arbeiten, indem man Kompromisse eingegangen ist und versucht hat, Lösungen zu finden. Ein Narzisst wird dies allerdings nie einsehen. Von ihm bekommt man keine Antworten oder Rechtfertigungen, mit denen man das Geschehene verarbeiten könnte, weder während der Beziehung noch danach. Er wird keine Verantwortung für sein Tun übernehmen, ihm fehlt hierzu jegliches Einsichtsvermögen.

Versuchen Sie, sich keine Gedanken darüber zu machen, warum die Liebe verschwunden ist. Liebe existierte nie, sie war ein Trugbild. Setzen Sie sich hin und meditieren Sie, um diese Bilder aus Ihrem Kopf zu bekommen. Sie haben sich in einen ganz anderen Menschen verliebt. Sie haben sich in ein Trugbild verliebt, das ihnen vorgegaukelt wurde, und nicht in einen echten Menschen. Erkennen Sie, wie Sie manipuliert wurden. Wenn Sie von Anfang an gewusst hätten, wer sich hinter dieser charmanten Maske verbirgt, hätten Sie sich niemals in ihn verliebt. Sie können keinen anderen Menschen ändern, und Sie sollten es auch nicht versuchen.

Man betrügt sich selbst, wenn man meint, das eigene Selbstwertgefühl würde steigen, weil man weiß, dass der andere einen vermisst. Ziehen Sie einen Schlussstrich, und kümmern Sie sich selbst um Ihr Wohlbefinden, um Ihre Zufriedenheit und Ihr Glück. Begeben Sie sich auf den Weg zur inneren Heilung, indem Sie meditieren, Yoga ausüben oder auch Sport machen, vielleicht einfach nur durch den Wald gehen, sich Gedanken über Ihre Ernährung machen und etwas Schönes kochen oder ein interessantes Buch zur Hand nehmen. So einfach sich das anhört, so sehr hilft es dabei, den eigenen Kopf freizubekommen und loslassen zu können. Es ist wie eine Art Neuprogrammierung, die Ihnen hilft, sich von all den Gefühlen der Verstrickung und Bedürftigkeit zu lösen und sich aus den Fängen des Narzissten zu befreien. Nur so werden Sie frei und können Ihr Leben selbst in die Hand nehmen.

ALLTAG

Nach der Trennung ging es mir schlagartig besser, und ich fühlte mich von Tag zu Tag energiegeladener. Trotzdem hatte ich das Gefühl, Abstand zu benötigen. So unternahm ich eine kurze Reise zu einer Kollegin nach Ungarn, die ich allerdings noch nicht persönlich getroffen hatte. Ich wurde von ihr und ihrem Mann sehr herzlich empfangen und erfuhr viel über Land und Leute – und über einen außerordentlich positiven Umgang miteinander. Die beiden sind seit Jahrzehnten verheiratet, haben beruflich zusammen sehr viel geleistet und auf die Beine gestellt, kennen sich natürlich gegenseitig sehr gut und wissen wirklich einzigartig mit den Stärken und Schwächen des anderen umzugehen, sprich, die Schwächen des anderen in keiner Weise auszunutzen, sondern eher herunterzuspielen. Es war mir eine riesige Freude, vor allem in der Zeit nach meiner Trennung, so etwas Positives zu erleben.

Probieren Sie aus, was Ihnen guttut, und tun Sie es regelmäßig.

Jeder von uns hat eine unglaubliche Kraft in sich, die sehr schnell an die Oberfläche kommt, wenn wir es schaffen, unsere Ängste loszulassen. Erst dann fühlen wir uns sicher und können ein Urvertrauen aufbauen.

Trotzdem sollte man sich nach einer gelungenen Trennung nicht abkapseln, sondern einer neuen Beziehung auch eine Chance geben. Wer in der Liebe nichts riskiert, verliert. Und jeder potenzielle Partner hat einen Vertrauensvorschuss verdient, denn er ist nicht schuld an unseren vergangenen, erlebten Erfahrungen. Abhaken und neu beginnen ist das Motto, nachdem man die gemachten Erfahrungen verarbeitet hat.

Löschen Sie den Narzissten aus Ihren Erinnerungen und blicken Sie nach vorn. Lassen Sie sich nie mehr emotional oder sonst wie erpressen. Haben Sie keine Angst vor der Zukunft. In der Zukunft sind Sie endlich wieder selbst für sich und Ihr Tun verantwortlich, auch für Ihren Erfolg, für Ihr inneres Glück und Ihre Zufriedenheit. Kein Partner kann Ihnen das künftig schlechtmachen. Sie sind stark und schön ohne ihn. Sie haben Ihr Strahlen zurück.

ALLTAG

Ein anderes Mal lernte ich ein Pärchen kennen, das sich über eine Gartengruppe auf Facebook kennengelernt hatte. Er Deutscher, aber schon seit mehr als zehn Jahren in Ungarn wohnhaft, sie mehr als tausend Kilometer entfernt in Deutschland. Sie telefonierten oft sehr lange, später fuhr er für eine Woche nach Deutschland auf Besuch, dann reiste sie für ein paar Tage nach Ungarn, um festzustellen, ob sie es sich vorstellen könnte, dort zu leben. Und es hat Zoom gemacht. Ich traf sie, als sie gerade ein Jahr verheiratet waren, und war begeistert von ihrem Leben und ihrem Umgang miteinander.

Gerade nach einer misslungenen Beziehung muss man sich unbedingt nach positiven Beispielen umsehen, das baut auf.

2.6 WIE SIE NICHT AUF EINEN NARZISSTEN HEREINFALLEN

Die Arbeit am realen eigenen Selbstbild ist notwendig, damit die Selbstachtung wächst, denn wenn sie groß genug ist, fällt man auf die Spielereien eines narzisstischen Menschen nicht mehr herein. Dann ist man nicht mehr darauf aus, etwas ganz Besonderes und Einzigartiges für den anderen zu sein. Damit meine ich: Man ist nicht mehr darauf aus, dass der andere einem dies immer und immer wieder bestätigt.

Um die eigenen inneren Sehnsüchte und Wünsche zu erfüllen, braucht es viel Selbstliebe und damit verbunden ein stabiles Selbstwertgefühl, so kann der andere nicht mehr irgendwelche Knöpfe bedienen, die angeblich diese Wünsche erfüllen. Meditation wie auch Sport helfen bei der Selbstfindung. Bewusst Zeiten mit sich allein zu verbringen, sich selbst zu finden, dies alles hilft, einen Narzissten möglichst schnell zu erkennen. Dann ist man auch nicht mehr auf der Suche nach einem Seelenverwandten und fällt nicht mehr auf das Spiel des Narzissten herein, bei dem er sich am Anfang so gebärdet, als wäre man das einzig passende Traumpaar.

Versuchen Sie, bei einer neuen Bekanntschaft Ihre rosarote Brille abzusetzen und einigermaßen objektiv zu bleiben. Beobachten Sie sich wie auf einer Bühne, schauen Sie sich die Situationen von außen her an, dann erkennen Sie eher, wie der andere reagiert. So manches Mal hat man am Anfang den Eindruck, dass der andere zuvorkommend und aufmerksam ist. Das kann sich nach ein paar Treffen allerdings schlagartig verändern, manchmal, ohne dass man es so richtig bemerkt. Jetzt spricht der andere auf einmal nur noch über die Themen, die ihn interessieren, und man selbst kommt nicht mehr zu Wort, selbst wenn man zigmal ansetzt, um etwas zum Gespräch beizutragen. Man wird unterbrochen, und es wird über ein Thema weitererzählt, an dem der andere interessiert ist. Da heißt es Vorsicht, Finger und Gedanken weg, sonst entsteht eine sehr einseitige Beziehung.

Manchmal regiert der Kopf, manchmal der Bauch – am besten ist es, wenn beide zu Wort kommen.

Es ist bekannt, dass man sich in Situationen mit hoher Stimulation schneller verliebt. Das heißt, man ist in anstrengenden oder auch neuen Situationen diesbezüglich offener, zum Beispiel wenn man umgezogen ist oder die Arbeitsstelle wechselt oder auch auf einer Trekkingtour im Urlaub. Dessen sollte man sich bewusst sein und sich ausreichend Zeit lassen, um festzustellen, ob die Verliebtheit bleibt. Gerade Narzissten, die es so gut verstehen, die Seele des anderen widerzuspiegeln, sind oft Nutznießer solcher Situationen. Empathische Menschen fühlen sich noch schneller stimuliert und haben dann das Bedürfnis, sich mit anderen zu verbinden, dadurch kommt es recht schnell zu einer Kurzschlussreaktion.

Lässt man sich ausreichend Zeit, gerade beim Kennenlernen, dann erkennt man schnell Doppelbotschaften und damit immer besser, was ein Narzisst sagt und was er verheimlicht. Erkennt man eine verzerrte Realität, eine verquere Realitätssicht beim anderen, wird man auf solch einen Menschen nicht mehr hereinfallen. Bei Narzissten liegt eine eigenartige Getriebenheit vor, achten Sie bei Bekanntschaften auf so etwas. Narzissten sind im Grunde unglücklich, ständig und immer und immer wieder, sie versinken in Selbstmitleid und äußern sich pathetisch. Nehmen Sie sofort Reißaus, wenn Sie so etwas bemerken.

Der Narzisst erfindet seine Vergangenheit immer wieder neu. Allerdings hat er ein sehr schlechtes Gedächtnis. Hört man ihm aufmerksam zu, so fallen einem schnell die Unstimmigkeiten in seinen Erzählungen auf. Das narzisstische Spiel kann nur stattfinden, wenn der Narzisst einen Menschen findet, der angreifbar und verletzlich ist, unsicher und liebesbedürftig. Hinterfragen Sie Ihre Vorstellungen von einer Beziehung, denken Sie an Ihre vergangenen Beziehungen: Es gibt durchaus krankhafte Beziehungsmuster, deren Ursache in Ihrer Kindheit liegen kann. Ein Narzisst hat nur Chancen, bei Ihnen anzukommen, wenn Sie Ihr Glück im Außen suchen, und nicht, wenn Sie einen Partner haben möchten, der Sie so wahrnimmt, wie Sie sind, und Sie so respektiert und liebt. Der eigene Wert ist nie vom Partner abhängig, sondern allein von einem selbst.

Lieber allein als zu zweit unglücklich.

Werden Sie sich klar über Ihre Grenzen, bevor sie der andere übertritt. Narzisstischer Missbrauch kann nur stattfinden, wenn Sie zulassen, dass Ihre Grenzen vom anderen übertreten und neu gesetzt werden, ohne dass Sie gefragt werden. Jeder Mensch hat Ängste, hinterfragen Sie Ihre Ängste. Es gibt die unterschiedlichsten Gefühle, die hinter der Angst stecken können: ein Gefühl der Bedrohung, Unsicherheit oder Besorgnis oder viele andere mehr. Es liegt an Ihnen selbst, mehr über Ihre Grenzen und Ängste zu erfahren. Sie sollten sich nicht von Ihrem Partner oder einem anderen Mitmenschen diese Grenzen aufzeigen lassen. Wenn Sie Ihre Grenzen kennen, dann können Sie diese schützen und einhalten, dies führt zu einer hohen psychischen Widerstandskraft.

Machen Sie sich klar, dass Sie sich nicht schlecht behandeln lassen dürfen. Achten Sie darauf, dass Sie zwar Zeit mit dem künftigen Partner verbringen, aber bleiben Sie bei sich, und achten Sie darauf, sich auch Zeit für sich selbst zu nehmen. Stärken Sie Ihr Selbstbewusstsein, damit Sie keine Angst davor haben, was andere Menschen von Ihnen denken, und geben Sie bei einer sich anbahnenden Beziehung nicht gleich zu viel von sich preis.

Ob mit oder ohne therapeutische Hilfe, es ist wichtig, an sich selbst zu arbeiten, um ein ausreichendes Selbstwertgefühl aufzubauen. Ist dies genügend entwickelt, so ist es der größte Schutz vor seelischem Missbrauch durch Narzissten.

Kapitel 3

NARZISSMUS IN DER FAMILIE

Solange der Narzisst im Mittelpunkt der Aufmerksamkeit steht, wirkt er sehr anziehend, sobald jedoch Aufmerksamkeit abgezogen wird, reagiert er extrem negativ. Er scheut sich nicht davor, zu lügen, zeigt kein moralisches Empfinden und kann somit kein Vertrauen aufbauen, das zu einer gesunden Bindung notwendig ist. Familienmitglieder fühlen sich wertlos behandelt und von ihm ausgelaugt, denn der Narzisst ist ein wahrer Energieräuber. Narzisstischer Missbrauch in der Familie bleibt oftmals unerkannt – sowohl vom Täter, der kein Bewusstsein dafür hat, als auch vom Opfer, das vor allem als Kind die Tragweite des Missbrauchs gar nicht erkennen kann. Wer in solch einer Familie aufwächst, hat keine Vergleichsmöglichkeiten und wird den Grund für die ungerechte Behandlung immer bei sich selbst suchen. Selbst einem heranwachsenden Kind fällt es schwer, zu begreifen, dass es von den Eltern oder von einem Elternteil nicht geliebt wird und keinerlei Schuld für diese Situation trägt. Zumal im Allgemeinen nach außen hin, also der Umwelt gegenüber, ein perfektes Familienbild aufrechterhalten wird.

ALLTAG

Er ist seit Jahren geschieden, wohnt aber mit seinem erwachsenen Sohn immer noch bei seiner Exfrau. Er und sein Sohn leben von Hartz IV, die Exfrau geht als Bedienung arbeiten. Beide Männer weigern sich, einer Tätigkeit nachzugehen oder auszuziehen. Die Frau ist für alles zuständig und kümmert sich um die beiden Männer, die ihr ständig Vorwürfe machen. Zu alledem beschwert sich ihr Exmann kontinuierlich über die Zunahme von narzisstischen Frauen, die ihm das Leben schwer machen.

Sobald der Narzisst merkt, dass innerhalb der Familie irgendjemand auf Hilfe angewiesen ist, so wird er zur Stelle sein. Allerdings nicht ohne Gegenleistung, die er umgehend einfordern wird. Die Notsituation des anderen wird ausgenutzt, indem er die Bedingungen stellt, unter denen er sich in der Lage sieht, Hilfestellung zu leisten. Er wird zwar seine Großzügigkeit herausstellen, aber letztendlich steht nur sein Eigennutz im Vordergrund.

Selbstlosigkeit ist dem Narzissten fremd.

Nicht selten ist der Narzisst sogar schuld an der Notlage des anderen, denn damit schafft er die Situation, in der er unter seinen Bedingungen die Lage ausnutzen kann. Von getroffenen Vereinbarungen weiß er nichts mehr, und er schiebt die Schuld auf den anderen, den er auf diese Weise in eine Notlage bringen kann, sei es bei Verabredungen oder einer Veranstaltung, die er einfach vergessen hat. Er lügt und verunsichert sein Gegenüber so lange, bis dieses die Schuld auf sich nimmt. Gerade unter Geschwistern kann man beobachten, dass scheinbar immer derselbe Schuld an allem hat, egal worum es geht. Der eine teilt aus, der andere steckt ein und übernimmt die Verantwortung. Meist läuft es so ab, dass der Narzisst seine Hilfe anbietet und somit als der Gute dasteht, obwohl er die Krise erst heraufbeschworen hat. Damit schlägt er zwei Fliegen mit einer Klappe: Auf der einen Seite steht er im Mittelpunkt, und Lob ist ihm sicher, auf der anderen Seite hat er Schuld beim anderen aufgebaut, dem er dann hilft und bei dem er zum geeigneten Zeitpunkt die entsprechende Gegenleistung einfordert.

Im familiären Zusammenleben sind die Reaktionen des anderen bekannt, das heißt, es ist auch bekannt, wie extrem der Narzisst auf Kritik reagiert. Dementsprechend wird sich kaum jemand dieser Situation aussetzen wollen, wodurch der Narzisst auch nicht in seine Schranken verwiesen wird, und das nächste Mal wird er noch viel dreister lügen und manipulieren. Er wird seine Vormachtstellung und jede Notlage ausnutzen.

ALLTAG

Mein Bruder war extrem selbstsüchtig und wollte immer mehr sein, als er war. Irgendwann entdeckte er das Golfspiel, natürlich nicht im billigsten Golfclub, denn er wollte ja unter den Schönen und Reichen verweilen. Die Aufnahmegebühr ging in die Tausende, auch die Jahres- und weitere Gebühren konnte er sich unmöglich leisten, geschweige denn die notwendige Ausrüstung und Kleidung. In seinem Geltungswahn ging er so weit, dass er, um im Golfclub mithalten zu können, ohne das Wissen meiner Schwägerin deren Lebensversicherung auflöste, die als Altersabsicherung gedacht war. Erst nach seinem Tod erfuhr sie dies und stand mit leeren Händen da. Selbstredend nahm er seine Frau nie mit zu Veranstaltungen im Golfclub, mit der Begründung, er könne sich nicht mit ihr sehen lassen, sie wäre weit unter seinem Niveau.

Dieses konstante Verlangen nach Bewunderung von der Familie, verbunden mit einem Gefühl der eigenen Makellosigkeit, führt dazu, dass jegliches Handeln, das durchaus nicht leistungsbezogen sein muss, aufgebauscht wird.

Ein Kind in einer normalen familiären Umgebung wird geliebt und baut ein gesundes Selbstwertgefühl auf. Es freut sich über Lob und Aufmerksamkeit, ist aber nicht nur auf die Bestätigung von außen angewiesen. Ein narzisstisches Kind hingegen fordert Anerkennung im Übermaß, bis hin zu materiellen Dingen, also Geschenken, und es wird versuchen, dies mit den unterschiedlichsten Vorgehensweisen, wie Weinen, Schluchzen oder auch Aggressivität, zu erreichen.

Ob narzisstisches Kind oder Erwachsener in der Familie, beide versuchen, extreme Kontrolle und Macht über den Rest der Familie auszuüben. In narzisstischen Familien herrschen eigene Gesetze, die andere Ansichten ausschließen, sodass sich die Familienmitglieder immer mehr isolieren und nur noch als familiäre Gesellschaft auftreten statt als einzelne Individuen mit eigenen Persönlichkeiten.

ALLTAG

Er leidet, weil sein erwachsener Sohn vor wenigen Jahren Suizid begangen hat. Er ist der Meinung, dass er ihn davon hätte abbringen können. Die Schuld gibt er dessen Mutter, die als Letzte mit dem Sohn telefoniert hat und ihm nicht Bescheid gesagt hat. Seine Familie und Freunde erzählen, dass er sich jahrelang nicht um seinen Sohn gekümmert hat. Er schimpft über seine Exfrau, über seinen Sohn, seine Tochter, den Rest der Familie und auch über Freunde und Bekannte. Er selbst nimmt keinerlei Kontakt zu seiner Familie auf. Er erzählt auch, dass er schon selbst einen Suizidversuch unternommen habe. Seine Familie und Freunde erzählen, sein Sohn sei genauso selbstsüchtig und rücksichtslos wie er gewesen und sei mit seinem Leben nicht zurechtgekommen.

Auch ohne narzisstische Eltern kann es vorkommen, dass ein Kind resistent gegen die übliche Sozialisierung ist. Es wird in diesem Fall von klein auf bedenkenlos lügen, kein Mitgefühl zeigen und einfach desinteressiert sein an den Emotionen anderer. Es wird sich frühzeitig nicht nur gegen seine Eltern, sondern auch gegen seine Lehrer auflehnen und mit seinem aggressiven Verhalten auffallen. Es wird seine gesamte Umgebung terrorisieren, wobei besonders Geschwister darunter zu leiden haben.

ALLTAG

Seine Mutter habe ihn nie geliebt, erzählt er, sie mache schon immer alle seine Beziehungen kaputt, sie sei ein Drachen. Dauernd intrigiere sie und bringe die Familie auseinander. Früher, ja, früher habe sie alle anderen Geschwister unterstützt, nur ihn nicht. Er habe ihr doch nie etwas getan, er war vielleicht etwas anders als seine Geschwister, aber nein, es gebe wirklich keinen Grund. Sie allein sei schuld daran, dass er keinen Kontakt mehr zu seiner restlichen Familie hat. Jetzt besucht er sie nicht mehr. Er leide darunter, aber er könne nicht zu ihr gehen, da sie immer alles kaputt mache.

Ein Narzisst stellt sich gern als Opfer dar, zum Beispiel leidet er oft an einer angeblichen Erkrankung, nicht selten an einer Krebserkrankung. Zudem berichtet er häufig von diversen schrecklichen Erlebnissen aus seinem familiären Umfeld, um zu zeigen, wie sehr er mit den Betroffenen mitleidet, weil er ihnen ja so nahesteht und weil er so mitfühlend ist. Bei genaueren Nachfragen zu seinen Geschichten weicht er aus, denn konkret zu werden, würde bedeuten, dass er auffliegen könnte. Er wird sich inhaltlich und chronologisch immer wieder widersprechen. Dieses krankhafte Lügen ist ein klares Zeichen für eine narzisstische Persönlichkeitsstörung.

3.1 NARZISSTISCHE ELTERN

Das Kind mit einem narzisstischen Elternteil lernt schnell, brav und angepasst zu sein. Da der narzisstische Elternteil alle Schuld dem Kind zuschiebt – und dem anderen Elternteil –, bleibt es nicht aus, dass das Kind versucht, möglichst keine Last zu sein. Dem Kind bleibt nichts anderes übrig, als das zu tun, was von ihm verlangt wird, möglichst ohne mitzudenken und vor allem ohne irgendeinen Zweifel anzumelden.

Die restliche Familie hat sich komplett nach den Vorstellungen des narzisstischen Elternteils zu richten, ohne eigene Wünsche zu äußern. Das Kind hat zu funktionieren, am besten ohne eigene Bedürfnisse. Darüber hinaus weiden sich narzisstische Eltern gern am Schmerz ihrer Kinder. Sie sagen oder tun absichtlich Dinge, um das Kind zu verletzen oder zu kränken. Narzisstische Eltern sind ganz einfach selbstsüchtig und stur. Nur die eigenen Wünsche, Bedürfnisse und Gefühle sind ihnen wichtig und verdienen ihre volle Aufmerksamkeit.

ALLTAG

Mein Schwager ist in einem narzisstischen Elternhaus aufgewachsen und war seinen Eltern nie gut genug, obwohl er ein sehr erfolgreicher Geschäftsmann wurde. Eigentlich wollte er im Vorruhestand arbeitsmäßig etwas kürzertreten. Aber weil er ein sehr schlechtes Gewissen den Nachbarn und natürlich auch der restlichen Welt gegenüber hatte, die ihn sicherlich als faul bezeichnen würden, arbeitete er immer weiter und weiter. Er traute sich nicht, sich etwas Ruhe und Muße zu gönnen. Und selbst im Alter hatte seine Mutter nie ein gutes Wort für ihn übrig. Erst als die Senilität seiner Mutter ein gewisses Ausmaß erreicht hatte, atmete er auf und begann, sich um sein eigenes Leben zu kümmern.

Den Kindern wird konstant ein schlechtes Gewissen gemacht für Dinge, die sie selten verstehen. Auch hier besteht das Problem darin, dass Derartiges unter Ausschluss der Öffentlichkeit abläuft und Außenstehende den Eindruck haben, die Eltern würden sich hervorragend um das Kind kümmern, insbesondere natürlich der narzisstische Teil, denn der andere wird sich wohlweislich im Hintergrund halten.

Besonders in der Pubertät gibt es immer wieder große Schwierigkeiten, wenn der Jugendliche dann endlich versucht, seine Meinung zu vertreten. Der Narzisst wird ihn mit aller Gewalt niederwalzen und mundtot machen. Es scheint, dass ein narzisstischer Elternteil aufgrund des Mangels an gelebter Nähe und Zuneigung wieder narzisstische Kinder hervorbringt.

Auf Kinder wirkt sich narzisstischer Missbrauch verheerend aus, und er ist viel häufiger anzutreffen, als man meint. Das Kind kann sich nicht frei entwickeln und es selbst sein, wenn es mit einem narzisstischen Elternteil aufwachsen muss. Es lernt, sich ständig an die Wünsche und Bedürfnisse der anderen Person anzupassen, und kann sein Selbst überhaupt nicht entwickeln und finden.

ALLTAG

Meine Adoptivmutter war eine Narzisstin, allerdings ließ sie mich nicht so sehr wie ihren Mann darunter leiden. Ich werde nie verstehen, wie jemand es fertigbringt, seine Mitmenschen so verachtend zu behandeln. Mein Bruder zog deshalb mit 17 Jahren von zu Hause aus. Er war ein wesentlich ausgeprägterer Narzisst als meine Adoptivmutter, also seine leibliche Mutter. Wahrscheinlich ist eine genetische Veranlagung nicht von der Hand zu weisen. Wenn dazu dann noch das narzisstische Umfeld und die Erziehung kommen ... Besonders musste meine Schwägerin unter seinem Narzissmus leiden. Es war unglaublich, wie geringschätzend er mit ihr umging. Was sie auch machte, wie viel Mühe sie sich auch gab, er verletzte sie immer wieder auf eine erschreckend tiefe Art und Weise. Sie konnte ihm nie etwas recht machen, er sagte ihr immer wieder, dass er nicht verstünde, warum er mit ihr zusammen sei. Und dies nicht nur unter vier Augen, sondern auch in Gesellschaft.

Weil sich bei einem Narzissten alles darum dreht, zu manipulieren und Macht auszuüben, steht in einer Beziehung oftmals der Kinderwunsch im Vordergrund. Denn Kinder lassen sich leicht beeinflussen. Zudem lässt sich mit gemeinsamen Kindern sehr gut Druck auf den Partner ausüben. Narzissten haben kein wirkliches Interesse an Themen, die ihre Kinder berühren. Sie kümmern sich um nichts, und es interessiert sie auch nichts, egal ob es um die Lieblingsmusik, Hobbys, Schule oder den Berufswunsch ihrer Kinder geht. Funktionieren die Kinder nicht so wie gewünscht, so werden sie eingeschüchtert, und der Narzisst schreckt nicht davor zurück, damit zu drohen, sie zu verlassen oder ins Heim zu stecken.

Kinder sind für Narzissten Mittel zum Zweck.

Narzisstische Eltern bringen es auf perfide Weise fertig, ihre Kinder zu verunsichern. Erzählt das Kind von einem Erfolgserlebnis, wird der narzisstische Elternteil von einem anderen Kind erzählen, das noch mehr Erfolg hatte. Dem Kind wird sukzessive die Möglichkeit entzogen, Freude zu empfinden, Erfolg zu erleben und somit Selbstbewusstsein aufzubauen. Die Herabsetzungen geschehen verdeckt, sodass sie von Außenstehenden meistens nicht wahrgenommen werden. Manchmal reicht schon der Klang der Stimme oder ein bestimmter Blick aus, um dem Kind klarzumachen, dass man mit ihm unzufrieden ist, ja sogar, dass seine Anwesenheit eigentlich unerwünscht ist. Das Kind bekommt immer mehr Angst und fühlt sich ständig im Unrecht, wird immer unsicherer und traut sich nichts mehr kundzutun. In der Öffentlichkeit wird sich der Narzisst allerdings sehr fürsorglich über sein Kind äußern.

Es ist leicht, Kinder zu beschuldigen, sie suchen den Grund immer bei sich selbst und verzeihen ihren Eltern alles, auch wenn sie es nicht begreifen können. Und es ist so einfach, ein Kind zu kritisieren und zu verunsichern, wodurch es immer noch ungeschickter wird und damit Gründe für weitere Vorwürfe und Beschwerden liefert.

Der narzisstische Elternteil ist konstant auf der Suche nach negativen Dingen, die er gegen sein Kind verwenden kann, egal in welchem Alter. Das kann besonders im pubertären Alter zu peinlichen Situationen führen. Ein Narzisst reagiert immer übergriffig, denn das Kind soll keine Kontrolle über sein eigenes Leben bekommen, geschweige denn unabhängig werden und eigene Entscheidungen fällen. Wo es nur geht, wird das Kind lächerlich gemacht, um es kleinzuhalten.

ALLTAG

Da kommt doch mal ausnahmsweise seine Tochter zu Besuch. 19 Jahre alt und natürlich etwas flippig. Seit fast zehn Jahren lebt sie nun bei ihrer Mutter, hatte wohl eine Ausbildung abgebrochen, macht eine weitere und befindet sich gerade vor einer Prüfung. Nicht unerwähnt bleiben sollte, dass er sich in der vergangenen Zeit nahezu nicht um seine Tochter kümmerte. Er versuchte sie wohl ein paar Mal anzurufen, aber ohne Erfolg. Wie sich später herausstellte, hatte sie eine neue Handynummer. Auf meine Nachfrage zeigte sich allerdings, dass auch er eine neue Handynummer nutzte, die er nicht weitergegeben hatte. Übrigens wohnen die beiden nur wenige Kilometer voneinander entfernt. Nun kommt es endlich einmal zu einem Treffen, woran ich nicht ganz unschuldig bin. Ich finde die junge Frau recht nett und ganz normal. Sie hat eine etwas ältere Freundin dabei, auch diese macht einen völlig vernünftigen Eindruck. Seine Begrüßung ist nicht übermäßig herzlich, er fängt an, sie von Anfang an unter Druck zu setzen. Er will gute Noten sehen, er fordert Leistung von seiner Tochter, er will, dass sie ihm nach jeder Prüfung umgehend die Ergebnisse vorlegt. Er beschuldigt sie, nicht zu lernen und an der Ausbildung kein Interesse zu haben. Er fragt nicht einmal nach, wie es ihr denn geht, wie sie sich fühlt, was sie interessiert oder was auch immer. Ich beobachte dieses Szenario fassungslos.

Selbst wenn sich Kinder freigeschwommen haben, so werden sich narzisstische Eltern dennoch in die Ehen ihrer Kinder und die Erziehung ihrer Enkel einmischen und versuchen, dort ihre Macht spielen zu lassen. Deshalb entscheiden sich die meisten der erwachsenen Kinder aus einem narzisstischen Elternhaus dafür, den Kontakt auf ein Minimum zu reduzieren – zumindest die, die das Problem erkannt haben. Dabei ist es sehr wichtig, diese Grenzen, die man setzt und kommuniziert, auch wirklich einzuhalten. Unerwarteter Besuch sollte in diesem Fall nicht akzeptiert werden, genauso wenig wie kontinuierlicher Telefonterror, anders schafft man es nicht, eine emotionale Distanz aufzubauen.

Im äußersten Fall bedeutet dies auch, den Kontakt völlig abzubrechen. Lassen Sie sich nicht von ihrer Umwelt verunsichern, die einen narzisstischen Missbrauch nicht kennt. Die Wahrscheinlichkeit, dass sich ein narzisstisches Elternteil ändert, geht gegen null. Bei weiterem Kontakt wird sich der Missbrauch fortsetzen und somit verlängern. Seien Sie sich selbst der Nächste, und setzen Sie einen Schlussstrich, ohne sich dafür zu rechtfertigen.

Dynastien und Traditionen sind ein Hort des Narzissmus. Die familiäre Verbundenheit, die Abstammung lassen in keiner Weise Ausreißer zu. In einer Familie, die Wert auf Traditionen legt, sollten am besten alle Mitglieder das Gleiche denken und fühlen und agieren, wie der „Stammeshäuptling" es wünscht. Die Grundsätze stehen unumstößlich fest, und es wird erwartet, dass sich jede Person diesen unterwirft, sonst hat sie in der Familie nichts mehr zu suchen. Andere Meinungen, Ansichten oder Bedürfnisse haben hier nichts verloren und werden negiert.

Kinder in diesen Familien werden weitgehend von anderen Einflüssen isoliert, damit sie in der Familientradition aufwachsen und lernen, sie zu achten. Kommt zum Beispiel aufgrund einer Heirat eine fremde Person zur Familie hinzu, so hat diese sich den Gepflogenheiten zu unterwerfen, sonst wird sie mit Missachtung bestraft. Die Regeln der Familie gehen immer vor und werden niemals angezweifelt.

Die Trennungsrate in klassischen Dynastien ist hoch.

Solche Hierarchien sind öfter anzutreffen, als man meint. Natürlich in erster Linie beim Adel, der schon immer stark darauf bedacht war, unter sich zu bleiben. Interessant sind hierzu entsprechende Gedanken bezüglich der Genetik, da in den vergangenen Jahrhunderten meist standesgemäß geheiratet wurde. Aber auch in Bauernfamilien, deren Hof sich seit zig Jahrhunderten in Familienbesitz befindet, oder in Fabrikantenfamilien kommt diese Struktur sehr häufig vor, mitsamt ihren stark ausgeprägten narzisstischen Zügen. Das Oberhaupt ist meist ein ausgesprochen starker Narzisst, der selten vor etwas zurückschreckt, wenn er seinen Willen durchsetzen will, und der seine Kinder ebenso zu Narzissten erzieht. Der Einzelne hat keine persönlichen Interessen zu besitzen, sondern hat sich dem Oberhaupt unterzuordnen, egal ob es um das private oder um das berufliche Leben geht. Selbst Ehen sind meistens ein Zweckbündnis und werden selbst in der heutigen Zeit oft noch arrangiert. Nicht die Liebe steht hier im Vordergrund, sondern der Erhalt der Dynastie.

Setzt sich eine Person darüber hinweg, so nimmt das Drama seinen Lauf. Im Allgemeinen wird die Beziehung früher oder später zerbrechen und somit die Familientradition recht behalten, oder das Paar wird von der Familie ausgeschlossen und geächtet.

Meist bildet sich ein besonders narzisstischer Nachkomme heraus, der zu gegebener Zeit die Herrschaft übernehmen wird. Andere, nicht solcherart veranlagte Personen sind trotzdem derartig in diese Familientraditionen verstrickt, dass sie selbst im hohen Alter noch nicht in der Lage sind, eigenständige Entscheidungen zu treffen.

Läuft irgendetwas nicht so, wie es der Clan wünscht, so wird immer die Außenwelt daran schuld sein, beziehungsweise Clanmitglieder, die sich nicht konform mit den ungeschriebenen Leitlinien verhalten. Das trifft ganz besonders auf eingeheiratete Partner zu. Fangen Familienmitglieder an, eigenständig zu denken und zu handeln, so widerspricht dies der Familientradition, und es wird als Angriff auf die Familie verstanden. Ein eigenständiges Leben ist nur möglich, indem man sich aus dem Clan löst und ihn verlässt.

Narzissmus ist das klassische Thema eines Heimatfilms.

In narzisstischen Familien werden Traditionen ohne Überprüfung aufrechterhalten. Das narzisstische Oberhaupt herrscht als Patriarch und sieht jeden Wunsch nach Veränderung als einen Angriff auf seine Machtposition. Kommt man als Gast in solch eine Familie wird man als Erstes die Gefühlskälte spüren, verbunden mit einem großen Maß an protzenden Geschichten über Erfolg, Geld und Ansehen. Wird man in solch einer Familie, zumindest vorübergehend, toleriert, so wird man sich darüber wundern, wie sehr über andere Menschen, die außerhalb der Familie stehen, gelästert wird. Kein anderer leistet etwas, heißt es, jeder ist neidisch. Es wird kein gutes Haar an den anderen Menschen gelassen. Nur innerhalb des eigenen Clans ist so gut wie jeder ein erfolgreiches Wunderkind.

Auf dem Land ist dieses narzisstische Gehabe gang und gäbe, man fühlt sich so manches Mal in einen schlechten Heimatfilm versetzt, wo mit besonderer Niedertracht die eigenen Vorstellungen durchgesetzt werden. Narzisstische Eltern werden im Alter immer behaupten, sie hätten stets alles für ihre Kinder getan, die jetzt allerdings nicht auch nur irgendeinen Finger für sie rühren würden.

Auch nicht narzisstische Familien hegen Traditionen. Diese stehen aber immer wieder dahingehend auf dem Prüfstand, ob sie der heutigen Norm entsprechen und ob man sie weiterführen will.

3.2 NARZISSMUS BEI GETRENNT LEBENDEN PAAREN

Ein Zusammenleben mit einem narzisstischen Partner ist überaus anstrengend und kann auf die Dauer nicht befriedigend sein. So schwierig sich eine Trennung meistens ohnehin schon gestaltet, sind gemeinsame Kinder vorhanden, ist das meist erst der Anfang von nicht enden wollenden Dramen. Die gemeinsamen Kinder werden vom narzisstischen Partner instrumentalisiert, um weiterhin Macht und Kontrolle über den Expartner auszuüben. Er begibt sich auf einen Feldzug, dem sich der Expartner wegen der gemeinsamen Kinder nicht weit genug entziehen kann.

Eine Trennung stellt das Selbstbild des Narzissten infrage, und je nach Temperament reagiert er mit unvorhersehbarem Verhalten bis hin zu extremer körperlicher und psychischer Gewalt. Dem Expartner ist völlig klar, dass er sich und seine Kinder vor diesem Verhalten unbedingt schützen muss, was nicht leichtfällt, denn selbst das Jugendamt sieht sehr oft keinen Grund, einzuschreiten. Der Narzisst schafft es, mit seinem Auftreten immer wieder andere Menschen von sich einzunehmen und den Expartner als unglaubwürdig hinzustellen. Er schreckt nicht zurück vor hemmungslosen Lügen und Verleumdungen bis hin zu falschen eidesstattlichen Versicherungen, um damit familienrechtliche Verfahren zu seinen Gunsten zu manipulieren.

Suchen Sie Unterstützung bei einem Anwalt, beim Jugendamt, Psychologen, im Frauenhaus oder in Selbsthilfegruppen.

Selbst belegbare Fakten und Zeugen werden allzu oft von unserem Familienrechtssystem ignoriert. Oft genug werden Tatsachen derartig verdreht, dass am Ende der Narzisst als Opfer dasteht und das eigentliche Opfer als Täter, da es die gewünschte kooperative Zusammenarbeit mit dem Expartner – aus guten Gründen! – verweigert. Der Narzisst wird wieder einmal nicht rechtzeitig erkannt, in diesem Falle zulasten der Kinder und natürlich auch des Expartners, der endlich dabei ist, sich aus diesen toxischen Strukturen zu lösen. Für Fachkräfte, die sich allerdings meist nur kurze Zeit mit den einzelnen Personen beschäftigt haben, ist es außerordentlich schwer, diese Persönlichkeitsstörung so schnell zu erkennen und zu durchschauen. Und so geschieht es leider allzu oft, dass die eigentliche Bezugsperson der Kinder von den Fachkräften sogar noch angegriffen wird, indem ihr mangelnde Kooperationsbereitschaft oder Ähnliches vorgeworfen wird.

Allerdings ist es wenig sinnvoll, wenn sich diese Hauptbezugsperson gegen die anderen Verfahrensbeteiligten stellt, die sehr oft mehr auf der Seite des Narzissten stehen. Hier gilt es, auch wenn es schwerfällt, taktisch klug und diplomatisch zu agieren, indem man einsieht, dass man nur selten ein optimales Ergebnis erzielen kann. Es gilt, zu erkennen, was möglich ist, und zu akzeptieren, was man nicht ändern kann. Bereiten Sie sich auf Verhandlungen gut vor, damit Sie strategisch handeln können und zu einer möglichst klaren Kommunikation in der Lage sind. Erscheinen Sie auf keinen Fall unvorbereitet zu Gesprächen oder gerichtlichen Verfahren. Bestenfalls entwirft man schon vor der Trennung einen Schlachtplan.

Dabei sollten Sie es unbedingt vermeiden, den Narzissten in der Öffentlichkeit als solchen zu bezeichnen. Diese Diagnose bedarf eines ärztlichen Gutachtens. Schildern Sie sachlich, was alles zu Ungunsten der Kinder geschehen ist, und stellen Sie immer das Wohl der Kinder in den Vordergrund. Beherrschen Sie sich bezüglich negativer Äußerungen über Ihren Expartner, und versuchen Sie, auch bei von ihm vorgebrachten Lügen ruhig und sachlich zu bleiben. Spielen Sie diese Situationen, die bei einem gerichtlichen Verfahren aufkommen werden, gedanklich schon vorher mehrmals durch, damit Sie darauf vorbereitet sind. Es wird trotzdem noch genügend Augenblicke geben, mit denen Sie nicht rechnen.

In fast allen Fällen wird Ihrem Expartner ein Umgangsrecht eingeräumt werden, gleichgültig, was davor vorgefallen ist. Bereiten Sie sich gedanklich darauf vor, und verhandeln Sie. Da geht es bei Gericht nicht anders zu als auf einem Basar. Fangen Sie mit nur wenigen Tagen Besuchsrecht im Monat an, und lassen Sie sich dann nach oben handeln. Denken Sie daran, auch wirklich alles schriftlich festzuhalten: nicht nur das übliche monatliche Umgangsrecht, sondern auch die Vorgehensweisen an Feiertagen, Geburtstagen oder in den Ferien.

Haben die ehemaligen Partner das gemeinsame Sorgerecht, so wird das der Narzisst weidlich ausnutzen und Forderungen stellen. Er wird sich bei jedweden Umständen als Unschuldslamm darstellen, obwohl er andererseits versucht, möglichst viele Lügen zu verbreiten. Er hat Spaß daran, den anderen leiden zu sehen, und so wird er die Kinder im Spiel gegen seinen ehemaligen Partner dazu benutzen, diesen in Angst und Schrecken zu versetzen. Er ist schließlich der Gute und der andere der Böse und Verachtenswerte.

Setzen Sie sich bildlich gesprochen eine Maske auf, um nicht angreifbar zu sein.

Spätestens bei einem Sorgerechts- oder Unterhaltsstreit mit einem Narzissten erkennt das Opfer die Machenschaften dieses Energieräubers, die fortan immer offener zutage treten. So manchem Opfer werden erst jetzt die Augen geöffnet, und es sieht, dass es lange Zeit mit einem Lügner zusammen war. Der Narzisst wird über sein Opfer Unwahrheiten verbreiten, so oft es nur geht, ob bei Gericht, bei Freunden, innerhalb der Familie oder auch unter Kollegen. Er wird überall Misstrauen säen, manipulieren und versuchen, die Leute auf seine Seite zu ziehen. Er wird das Opfer als unglaubwürdig darstellen und bei Bekannten und Freunden, die er infiltriert hat, um Hilfe bitten. Somit wird die Sachlage umgekehrt: Der Böse wird zum Guten und der Gute zum Bösen.

Und diese „böse Person" will der Narzisst nicht unterstützen. Er wird immer versuchen, nur das nicht abwendbare Unterhaltsgeld zu zahlen. Es wäre ein Wunder, müsste man es nicht gerichtlich einklagen. Das entsprechende Besuchsrecht für die Kinder wird allerdings er einklagen, denn er will sich mit seinen Kindern brüsten, sie dirigieren und dem Expartner wehtun und schaden, wo es nur geht. Es geht um Machtspiele und nicht um Kooperation.

Fangen Sie rechtzeitig an, alles zu dokumentieren, auch wenn Sie noch nicht wissen, ob es wirklich notwendig ist. Halten Sie das unberechenbare Verhalten des Narzissten schriftlich fest, unter genauer Angabe der Zeiten und Beschreibung des Vorfalls. Oft lassen sich nämlich derartig irrsinnige Vorgänge im Nachhinein nicht mehr rekonstruieren, da sie so unwahrscheinlich wirken. In erster Linie müssen natürlich gewalttätige Vorfälle genauestens dokumentiert werden, am besten von ärztlicher Seite, aber auch Drohungen. Viele dieser Situationen geraten sonst in Vergessenheit und lassen sich später nicht mehr aus dem Unterbewusstsein hervorholen. Machen

Sie Kopien Ihrer Aufzeichnungen, und verwahren Sie diese an einem sicheren Ort.

Dokumentation ist alles, ansonsten lässt sich nichts nachweisen.

Viel schwieriger wird die Situation, wenn die Kinder beim Narzissten leben, er also über das Sorgerecht verfügt. Versuchen Sie hier über Lehrer, Ärzte oder andere Personen, die direkten Kontakt zu ihren Kindern haben, an Informationen zu gelangen, und dokumentieren Sie diese. Versuchen Sie bei Gesprächen mit Ihrem Expartner, die sich nicht vermeiden lassen, einen Freund oder eine Freundin als Zeugen dabeizuhaben, und kommunizieren Sie ansonsten am besten über E-Mails, die Sie zur Dokumentation speichern können.

Und bleiben Sie – insbesondere in jeder Situation vor dem Gericht – ruhig. Zu leicht wird Ihnen ansonsten seelische Instabilität unterstellt. So etwas macht sich in einem Sorgerechtsstreit überhaupt nicht gut. Dass Aggressionen gegenüber einem Narzissten aufkommen, ist mehr als verständlich, sie dürfen aber in keiner Weise an dieser Stelle ausgelebt werden.

Hält sich der Narzisst nicht an die gerichtlich festgelegten Bedingungen, so zögern Sie nicht, dies sofort zu melden, egal ob beim Jugendamt oder der Polizei, je nachdem wer bei welcher Sachlage zuständig ist. Und vor allem: Vergessen Sie nicht, sich um sich selbst zu kümmern. Es gibt eine Fülle an Möglichkeiten, zur Ruhe zu kommen, suchen Sie sich eine passende aus und praktizieren Sie diese. Treiben Sie wenigstens etwas Sport, und achten Sie auf Ihre Ernährung. Das alles trägt dazu bei, dass Sie stabil und gesund bleiben. Und scheuen Sie sich im Zweifelsfalle nicht, professionelle ärztliche Hilfe anzunehmen.

Trotz allem Stress, vergessen Sie nicht sich selbst.

Ist alles geregelt, heißt das natürlich noch lange nicht, dass das Besuchsrecht, zum Beispiel das vereinbarte Wochenende mit den Kindern, so umgesetzt wird, wie man sich das vorstellt. Auch am Kinderwochenende geht es dem Narzissten nicht um die Kinder, sondern um das eigene Wohlbefinden. Im vielleicht besten Fall schiebt er die Kinder an seine Eltern weiter. Ansonsten wird er seinen eigenen Interessen und Hobbys nachgehen oder sich auch mit Freunden treffen und nicht viel Zeit mit seinen Kindern verbringen. Es kann allerdings sein, dass er versucht, sich die Zuneigung seiner Kinder zu erkaufen. Auf jeden Fall wird er sie gegen den Expartner aufhetzen, das heißt, es kann passieren, dass die Kinder nach diesem Wochenende völlig verwirrt zurückkehren und einige Zeit brauchen, um wieder in das normale Leben zurückzufinden. Nichtsdestotrotz kann man gegen eine richterliche Anordnung nichts machen, außer es liegen entsprechende Gründe vor.

Nehmen Sie die Ängste Ihrer Kinder ernst, sprechen Sie mit ihnen darüber, und nehmen Sie im Zweifelsfall therapeutische Hilfe, auch für Ihre Kinder, in Anspruch. Lassen Sie Ihre Kinder mit ihren Ängsten und Enttäuschungen nicht allein, auch wenn Sie selbst darunter leiden. Heucheln Sie ihnen keine heile Welt vor.

Kapitel 4

NARZISSMUS IM BEKANNTENKREIS

Narzissten finden untrüglich die Menschen, die ein großes Herz haben und das Gute im anderen sehen. Diese werden ihren psychischen Missbrauch am längsten tolerieren. Dementsprechend findet man auch im eigenen Bekanntenkreis immer wieder krankhafte Narzissten. Wie in der Partnerschaft spiegeln sie am Anfang die Interessen des anderen wider, bis dieser denkt, endlich einen Gleichgesinnten gefunden zu haben. Aber schnell wird sich das Blatt wenden, und der Narzisst fordert bedingungslose Bewunderung ein und wird darauf bestehen, immer recht zu haben.

Ein Narzisst nutzt Bekanntschaften wie auch Freundschaften schamlos aus.

Er wird lügen und betrügen, er wird seinem angeblichen Freund oder seiner Freundin die Schuld zuschieben und ihn oder sie für alles verantwortlich machen, was ihm so Böses widerfährt. Der andere wird ausgenutzt, wo es nur geht. Am Anfang noch kaum wahrnehmbar, wird man in den Dienst des Narzissten gestellt und merkt meist nicht, wie sehr man gesteuert wird, wie sehr man dem anderen die Arbeit abnimmt, wie sehr man ihn trotzdem dafür bewundern muss. Der Narzisst nimmt und nimmt und nimmt, ohne jemals etwas zurückzugeben.

ALLTAG

Eigentlich darf man auch in Ortsrandlage nicht auf Krähen oder Tauben schießen. Er, als Jäger, tut es. Er fühlt sich groß und gut dabei. Er ist sowieso der beste Jäger im Ort. Alle anderen wären nichts ohne ihn. Alle anderen machen immer alles verkehrt und setzen sich über Regeln hinweg, erzählt er. Er schimpft und verleumdet auch seine angeblich besten Freunde und wird dabei äußerst aggressiv.

Er trinkt oft und viel, das senkt die Hemmschwelle. ‚Kommt es so zu Amokläufen?', frage ich mich ...

Erst spät wird man dann bemerken, wie schlecht über einen selbst gesprochen wird. Wie viele Lügen der angebliche Freund bei anderen Bekannten über einen verbreitet. Oftmals bekommt man dies lange Zeit gar nicht mit, da man immer mehr isoliert wird. Aber man kann bemerken, dass man von den anderen immer häufiger eigenartig angeschaut wird, ohne dass man weiß, worin der Grund liegt.

Sie werden mit der Zeit eine immer schlechtere Meinung von sich bekommen, dagegen Ihren angeblichen Freund immer öfter hoch loben. Sie haben keine Kraft mehr, dagegen anzugehen, sich zu wehren. Sie fühlen sich nur noch müde und ausgelaugt und lassen sich trotzdem immer wieder von Ihrem Freund vor den Karren spannen. Sie sehen sich immer häufiger als eine Person, die nicht gut genug ist, die es nicht wert ist, mit irgendjemandem befreundet zu sein, die das Gefühl hat, keiner wolle mit ihr zusammen sein. Deshalb sind Sie froh, immerhin diesen einen Freund zu besitzen, der sich um Sie kümmert. Zu allen anderen Bekannten, die Sie früher hatten, haben Sie in der Zwischenzeit den Kontakt verloren, warum auch immer. Sie fühlen sich immer mehr in einer Opferrolle.

ALLTAG

Warum nur müssen diese Diskussionen immer endlos dauern? Ich bin wirklich kommunikationsgeübt, ich begebe mich auf die Ebene des anderen, ich interveniere, ich rede keinen nieder, ich lasse die Meinung des anderen stehen, es geht mir um Austausch. Allerdings nicht um Austausch von Negativität, sondern um ein konstruktives Gespräch. Nein, ich mache nichts und niemanden nieder, ich suche Lösungen. Er mag keine Lösungen, er mag sich in der Negativität suhlen bis zum, ja, bis zu welchem Ende? Das macht keinen Spaß, das raubt nur all meine Energie.

Der Narzisst ergötzt sich an Machtgefühlen und an Bewunderung. Um diese zu bekommen, schreckt er nicht vor unlauterem Verhalten zurück. Narzissten geht es immer besser, sobald sie andere Menschen verletzen und quälen können, sie fühlen sich dadurch bestätigt, ja, sogar stimuliert. Lob und Wertschätzung hat immer ihnen zu gelten, sonst dreht sich die Welt verkehrt. Sie nehmen die Hilflosigkeit und die damit verbundene Traurigkeit und Leere beim anderen nicht wahr. Sollte ein anderer Mensch als der Narzisst in dessen Anwesenheit gelobt werden, so fühlt sich der Narzisst sofort ungerecht behandelt und wird umgehend Racheaktionen einleiten. Wegen dieses erlittenen „Unrechts" sieht er sich im Recht, den anderen zu misshandeln, statt ihn als eigenständige Persönlichkeit wahrzunehmen. Er kann kein Mitgefühl empfinden, ist stattdessen zu extremen Wutanfällen in der Lage. Und egal wie, er schafft es immer, Aufmerksamkeit zu bekommen. Lassen Sie nicht so mit sich umgehen, und denken Sie daran, dass Sie es verdienen, glücklich zu sein.

Achten Sie auf die Glaubwürdigkeit von Erzählungen.

Ein Narzisst hat ein schlechtes Gedächtnis, was aufgrund seiner vielen Lügengeschichten nicht verwunderlich ist. Die Diskrepanz zwischen Selbstwahrnehmung und Fremdwahrnehmung könnte nicht größer sein. Er vermittelt konstant das Gefühl, dass er abgelehnt wird und ungeliebt ist. Dabei ist er in der Lage, normales Sozialverhalten zu imitieren, um sein

Ziel zu erreichen, strapaziert allerdings nicht nur das eigene Gefühl der Selbstachtung und Entscheidungsfähigkeit, sondern beraubt einen früher oder später der eigenen Gesundheit. Die eigene Logik setzt aus, weil der Narzisst alle Fakten so geschickt verdreht, dass er immer im Recht zu sein scheint.

Endlose, sinnlose Diskussionen entstehen, die Sie Ihrer Energie berauben und die trotzdem kein konstruktives Ende finden. Der Narzisst beharrt auf seiner Einstellung und wird keine Handbreit von seiner Meinung abweichen, außer er wittert dadurch einen Vorteil. Lernen Sie, sein gespieltes Mitleid von echtem Mitgefühl zu unterscheiden. Der Narzisst bringt es nicht nur fertig, dass Sie sich schuldig fühlen, er stellt sich gleichzeitig als ein großes Opfer dar, das unter Ihnen und auch unter anderen Mitmenschen zu leiden hat. Angeblich kann er nichts beeinflussen, und er übernimmt keinerlei Verantwortung für sein Tun. Prinzipiell sind immer die anderen an allem schuld.

Kämpferische Auseinandersetzungen sind Energieverschwendung.

Der Kampf darum, verstanden zu werden, ist sinnlos. Auch Rechtfertigungen verfehlen gänzlich ihr Ziel, im Gegenteil, sie fachen das narzisstische Gehabe noch an. Es ist immer wieder verblüffend, wie unaufmerksam ein Narzisst nicht nur anderen Menschen, sondern auch Dingen gegenüber ist. Ein geerbtes, fast neues Auto beispielsweise wird nicht geachtet, sondern so unachtsam benutzt, dass es bald nichts mehr wert ist. Auch anderen, zum Beispiel von Ihnen ausgeliehenen Dingen wird einfach keine Wertschätzung entgegengebracht. Wirklich wichtig ist einem Narzissten weder ein Mensch noch irgendein Gegenstand.

Der Narzisst projiziert seinen Selbsthass auf andere Menschen, die ihm nahestehen. Aufgrund der Verletzungen, die er anderen zufügt, erfährt er viel Aufmerksamkeit die er als positives Feedback empfindet, was ihm wiederum Energie gibt. Der Narzisst ist wie ein Parasit, er lebt von der Energie anderer. Es handelt sich um einen überaus krank machenden Prozess. Der Narzisst hat eine niedrige Schwelle für aggressives und auch gewalttätiges Verhalten. Der andere existiert für ihn ja nicht als eigenständiger Mensch.

Lassen Sie es nicht zu, dass ein Energieräuber Sie krank macht.

Basis einer Verbindung mit einem Narzissten sind Täuschung, Manipulation und Ablenkung. Egal was er Ihnen antut, er wird den Spieß herumdrehen und behaupten, Sie hätten ihm etwas angetan. Und er erzählt so etwas gern herum, damit er besser dasteht als Sie. Er wird Ihren Freunden hinter Ihrem Rücken sogar erzählen, was Sie ihm angeblich alles Schlechtes über die jeweiligen Freunde erzählt haben oder wie oft Sie ihn angelogen haben. Er will Reue sehen. Eine Debatte führt zu keinem Ergebnis, er hört nicht zu, verdreht alle Fakten und schiebt Ihnen die Schuld zu. Offiziell will er Ihnen den Weg aus Ihrer Misere zeigen, denn nur er weiß, was richtig und was falsch ist, und nur er will bestimmen, wohin Sie gehen.

Kapitel 5

NARZISSMUS IM BERUFSLEBEN

Narzissten im Berufsleben sind ausgesprochene Karrieretypen, egal ob auf dem Chefsessel oder als Mitarbeiter, charismatisch, aber rücksichtslos. Sie werden immer höhere Positionen anstreben, in denen sie sich, ohne großes Mitgefühl zu zeigen, ausleben. Solange man ihnen dabei nicht im Weg steht, muss es nicht unbedingt zu Schwierigkeiten kommen.

Oft hinterlassen sie allerdings Chaos in Teams und Abteilungen, ohne dass jemand ihre Verantwortung dafür bemerkt. Ein unstillbarer Geltungsdrang treibt sie an. Der Narzisst stolziert herum wie ein Hahn mit stolzgeschwellter Brust. Im Falle eines Konflikts geht es ihm nie um dessen Grund, sondern darum, Angst beim Opfer auszulösen. Diese Angst wiederum bringt das Opfer dazu, nicht angemessen zu reagieren beziehungsweise vor lauter Aufregung oder Furcht Fehler zu machen, die dann wiederum als Grund dafür herhalten müssen, dass es sich entsprechende Vorwürfe anhören muss. Diese Person ist dann nicht mehr im Vollbesitz ihrer Möglichkeiten und bietet immer häufiger Anlass zu Kritik. Letztendlich handelt es sich dabei um eine Form des Mobbings.

Lassen Sie sich nicht einschüchtern, denn dadurch wird Ihre Urteilsfähigkeit gestört.

Meist wird überhaupt kein Konflikt benannt, aber mit herabsetzendem Verhalten und Bemerkungen täglich darauf eingegangen. Selbst wenn man direkt danach fragt, weicht der Narzisst geschickt aus und umgeht damit eine mündliche Kommunikation. Er drückt damit aus, dass ihn der andere nicht interessiert, dass er für ihn gar nicht existiert. Das Opfer hat dadurch keine Möglichkeit, sich mit dem Konflikt auseinanderzusetzen und eine Klärung herbeizuführen. Meist nimmt es die Schuld auf sich und lässt sich mit schuldbewusster Miene immer mehr gefallen. Das kann dazu führen, dass der Mitarbeiter auch von den Kollegen isoliert wird, was ihn entweder krank macht oder ihn bald zur Kündigung veranlassen wird. Der Narzisst gelangt somit zur Macht und verschleiert gleichzeitig seine Unfähigkeit. Hier ist es wichtig, gleich von Anfang an zu reagieren und sich nach Unterstützung umzusehen, sei es beim Betriebsrat oder beim Personalrat. Ansonsten sieht man sich allzu schnell in Umständen gefangen, die keine andere Lösung mehr bieten, als zu kündigen. In einer solchen Situation muss man schon früh Unterstützung innerhalb der Firma suchen. Und denken Sie daran, Gespräche mit Narzissten unter Zeugen zu führen.

Es können auch schon in Zeiten der Ausbildung Probleme entstehen, da Narzissten häufig unter Prüfungs- und anderen Versagensängsten leiden, die sie in derartige Krisen bringen können, dass sie Suizid begehen. Da Narzissten auf der einen Seite sehr geltungsbedürftig sind, auf der anderen Seite ihre Energie von ihren Mitmenschen abziehen, tendieren sie zu Berufen, die mit Kindern, Kranken und Senioren zu tun haben, möglichst in führenden Positionen, da sie so andere Menschen herumkommandieren können. Wegen ihres Charismas und ihrer ausgeprägten Fähigkeiten zur Manipulation sind sie oft auch als Vertriebsprofis und Unternehmer anzutreffen.

ALLTAG

Oh, meine Kollegin ist wieder voll in Fahrt. Eigentlich eine bildhübsche junge Frau, mit langen hellblonden Haaren, riesengroßen Augen und einem vollen Schmollmund und natürlich mit Modelfigur. Schnell zieht sie alle Aufmerksamkeit auf sich und macht einen brillanten Eindruck. Sie strahlt geradezu vor Charme. Kurz darauf wendet sich das Gespräch in der Gruppe wieder irgendeinem allgemeinen Thema zu, und schlagartig verfällt das Gesicht meiner Kollegin. Es ist kaum vorstellbar, wie schnell dieses schöne Gesicht ein absolut leidendes wird. Die Mundwinkel nach unten gezogen, selbst die Augen strahlen nicht mehr, die Körperspannung und auch die Haltung lässt völlig nach, und insgesamt macht diese Figur plötzlich einen kranken und äußerst leidenden Eindruck. Dann wendet sich das Gespräch wieder ihr zu, und genauso schnell strahlt diese Person wieder. Dies kann mehrmals hintereinander wechseln, es ist unglaublich, wenn man so etwas nicht gewöhnt ist.

Narzissten geben hervorragende Hochstapler ab, egal in welcher Position, da sie vielfach auf vertrauensselige Mitmenschen treffen. Es mag sein, dass wir einem Propagandisten oder einem Gebrauchtwagenhändler nicht vertrauen, aber wenn wir einem Anwalt oder Arzt gegenüberstehen, dann vergessen wir oft ein gesundes Misstrauen und werden zu einem leichten Opfer.

Ein vernünftiges Misstrauen hat noch nie geschadet.

Narzissten kommen naturgemäß nicht gut miteinander aus. Zwei davon, noch dazu in gleicher Rangordnung, also in gleicher Stellung, sind einfach einer zu viel. Ein egozentrischer, selbstsüchtiger Mensch duldet keinen ebensolchen neben sich. Nur sehr selten tun sich zwei dieser Art zusammen, sehr zum Nachteil ihrer Mitmenschen. Dazu müssen sie sich allerdings sehr gut ergänzen.

Der Narzisst nimmt seinen Kollegen jede gute Eigenschaft, er wird nicht müde, ihnen zu versichern, wie wertlos sie sind, bis sie es glauben. Bei Menschen, die sich ihrer selbst nicht sicher sind, ist dies ein kurzer Prozess. Im schlimmsten Fall sind die Narzissten grausam, brutal und ohne Reue, misstrauisch, ohne Mitleid und auf Rache aus. Adolf Hitler zum

Beispiel wird als eine krankhaft narzisstische Persönlichkeit bezeichnet. Die Welt der Narzissten ist eingeteilt in Gut und Böse, und wehe, man wird zur bösen Seite gerechnet. Denn widersteht man dem Narzissten, dann wird er einen als bedrohlich und aggressiv wahrnehmen. Ein Narzisst zeigt ein verblüffendes Desinteresse an den Auswirkungen seines Verhaltens auf andere, egal wie schwerwiegend diese ausfallen. Ihm fehlt jegliches Schuldbewusstsein oder Reue für seine Handlungen, er weigert sich ganz einfach, die Verantwortung für sein Tun zu übernehmen.

Wird das Selbstwertgefühl eines Narzissten durch äußere Umstände wie zum Beispiel den Verlust der Arbeitsstelle zerstört, so ist er durchaus suizid- und suchtgefährdet. Auch ansonsten neigt er zu Suchtstoffen wie Alkohol, Nikotin und Drogen. Die Unfähigkeit zu sozialen Kontakten lässt ihn recht häufig zu diesen Suchtmitteln greifen. Ebenso neigt er zu Suiziddrohungen, die er im Zweifelsfall auch in die Tat umsetzt.

Im Berufsleben manipuliert und mobbt der Narzisst ständig. Er redet den anderen ein schlechtes Gewissen ein, indem er mit falschen Aussagen argumentiert und falsche Behauptungen aufstellt, ohne ihnen zuzuhören.

ALLTAG

Mein bewundernswerter Chef macht alles richtig und ist der Einzige, der weiß, wo es langgeht. Er ist derjenige, der seinen Verkäufern Zusagen für die Kundschaft macht, die diese weitergeben, und derjenige, der später nichts mehr von diesen Zusagen weiß, wenn sie vom Kunden eingefordert werden. Er streitet einfach vehement alles ab. Die Beschwerden landen natürlich beim Verkäufer, nicht beim Chef. Ich habe meinen Chef in einem solchen Fall beim Wort genommen und zur Rede gestellt. Daraufhin habe ich die fristlose Kündigung erhalten.

Er setzt Gerüchte in die Welt, und seine Geringschätzung drückt sich unter anderem auch in seiner Mimik aus. Pseudologie oder Pseudologia phantastica bezeichnen den Drang zum krankhaften Lügen und Übertreiben. Dieses pathologische Lügen ist für einen Narzissten völlig selbstverständlich. Dabei geht es ihm um die dramatische Selbstdarstellung, verbunden mit seinem gesteigerten Geltungsbedürfnis. Diese Lügen gründen nicht auf aktuelle Anlässe, und er schafft es, sie so glaubhaft zu vermitteln, dass er sie selbst für wahr hält. Dank seiner ausgeprägten schauspielerischen Fähigkeiten, meist verbunden mit rhetorischem Geschick, ist es für ihn ein Leichtes, seine Umwelt zu überzeugen. Ein Narzisst sieht es als Sport an, die Schwächen anderer Menschen zu erkennen und auszunutzen, er fühlt sich dabei im Recht. Es kümmert ihn auch nicht, als Lügner ertappt zu werden, im Zweifelsfall verdreht er die Tatsachen, bis der andere als Betrüger dasteht.

Um den Narzissmus zu enttarnen, muss man damit rechnen, dass Erzählungen erfunden oder zumindest schamlos übertrieben sind. Das Handeln dieser Person wird nur durch die Gier nach Aufmerksamkeit bestimmt.

5.1 DER NARZISST ALS CHEF

Narzissten gelangen sehr oft in Führungspositionen, da sie so ihr Bedürfnis nach Macht am einfachsten befriedigen können. Hier haben sie die besten Möglichkeiten, Vorschriften zu machen und Kontrolle auszuüben. Die Mitarbeiter haben sich ihren Vorstellungen zu fügen.

Gibt es mehrere narzisstische Chefs, so werden sich diese gern zusammentun, um eine elitäre Gruppe abzugeben und auf diese Art ihre Exklusivität zu dokumentieren.

ALLTAG

Ich habe eine neue Arbeitsstelle als Vertriebsmitarbeiterin. Da ich allerdings auch schon als Regionalleiterin gearbeitet habe, macht das meine Chefin nervös. Ich verhalte mich unauffällig und bringe es fertig, in kürzester Zeit den Umsatz zu steigern. Das macht sie noch nervöser. Sie ist ein Kontrollfreak und überwacht jeden Schritt von mir. Verkaufsgespräche übt sie mit mir wie mit einer Anfängerin. Weil ich fast die gleichen Produkte schon früher verkauft habe, mache ich Vorschläge zur Produktentwicklung und zum Marketing. Sie gibt diese als ihre Vorschläge aus, was mir nichts ausmachen würde, sofern sie mich nur in Ruhe arbeiten ließe, zumindest so lange, bis ich eine neue Arbeitsstelle gefunden habe. Sie jedoch mobbt mich, macht mich bei ihren Vorgesetzten schlecht und stellt mich vor Kollegen als Lügnerin hin.

Der narzisstische Chef macht den Mitarbeiter klein, unabhängig davon, was dieser geleistet hat. Die Meinung des narzisstischen Chefs steht über allem, seine Meinung ist die einzig wahre, er will ständig bewundert werden und wird dabei versuchen, seine Mitarbeiter zu manipulieren. Dabei wirkt er oberflächlich und wird die Schuld, woran auch immer, ständig seinen Mitarbeitern zuschieben.

ALLTAG

Eigenartig, wie schlecht die Menschheit nur ist. Er lässt kein gutes Haar an irgendeinem Menschen, über den wir sprechen. Jeder nutze den anderen aus, jeder lüge, nur er selbst nicht. Egal ob es sich dabei um seine Chefs oder seine Mitarbeiter handelt. Er erzählt Sachen, die jeglicher Grundlage entbehren, es ist unglaublich.

Selbst gut verpackte, konstruktive Kritik wird er nicht annehmen, sondern mit Beleidigungen und Abwertungen zurückschießen. Auch ihm im Umgang miteinander Grenzen zu setzen, ist nahezu unmöglich.

Der Mitarbeiter wird ausgenutzt, wo es nur geht, der entsprechende Erfolg und positive Bestätigung werden ihm jedoch vorenthalten, stattdessen soll er die Leistung des Chefs kontinuierlich aufs Höchste bewundern. Leider kann Narzissmus im Beruf ein Schlüssel zum Erfolg sein, da der narzisstische Chef die Leistungen seiner Mitarbeiter als eigene ausgibt und besonders gut zu präsentieren weiß. Sein großes Selbstvertrauen und seine Selbstliebe bringen ihm meistens ein hohes Maß an Bewunderung ein.

Der narzisstische Vorgesetzte ist bei der Firmenleitung meistens gut angesehen.

Bei einem Vorstellungsgespräch wird man einen narzisstischen Vorgesetzten schwerlich als solchen erkennen, denn er macht auf den ersten Blick einen sehr positiven Eindruck. Er gibt sich redegewandt, charmant und selbstbewusst. Narzissten beherrschen es, den anderen um den Finger zu wickeln. Erst später wird seine Selbstverliebtheit zum Vorschein kommen.

Der Narzisst als Chef wird sich meist eines Befehlstons bedienen und keinen Widerspruch dulden, seine Mitarbeiter haben zu kuschen und ihn vor allem nicht zu kritisieren, sondern müssen ihn bewundern und seine Arbeit machen.

ALLTAG

Absprachen beim Kunden, Vereinbarungen über Lieferzeiten, Rücksprache beim Chef, sichere, schriftliche Zusage von ihm, Großkunde gewonnen. Beim ersten Großauftrag jedoch beträgt die Lieferzeit drei Mal so lang wie zugesichert. Der Großkunde ist daraufhin weg, und ich brauche mich dort nie wieder blicken lassen. Aber Professor Dr. Soundso hat immer recht. Alle anderen bekommen das zu spüren, alle anderen haben unrecht, völlig egal, was schriftlich vorliegt. Ich soll daran schuld sein.

Narzissten sind große Selbstdarsteller, wortgewandt, energiegeladen, enthusiastisch, oft sogar unterhaltsam und witzig. So gelangen sie leichter in Führungspositionen. Ihre Leistung besteht vornehmlich darin, sich in Szene zu setzen, um andere zu beeindrucken. Sie können lange Zeit verbergen, dass ihnen die fachliche Qualifikation fehlt. Stattdessen treffen sie immer wieder, ohne eine andere Meinung einzuholen, Entscheidungen, die oft falsch sind und das gesamte Unternehmen ins Unglück stürzen können.

Narzisstische Führungskräfte scheuen sich nicht, ihre Ellenbogen schonungslos einzusetzen, und verhalten sich selbstsüchtig und rücksichtslos, weil sie sich selbst immer wichtiger nehmen als ihre Mitarbeiter oder sogar das Wohl des Unternehmens. Aufgrund ihres übertriebenen Selbstvertrauens sind sie fachlich selten gut vorbereitet, schieben aber eigene Fehler auf die Mitarbeiter, die sie grundsätzlich nicht wertschätzen, sodass keine vertrauensvolle und verlässliche Zusammenarbeit entstehen kann.

Der klassische Narzisst in einer Führungsposition geht schnell Risiken ein, da er sich als Gewinner sieht. Solange die Wirtschaft boomt, wird er daran partizipieren, sobald es der

Wirtschaft schlecht geht, wird er umso tiefer stürzen und sein Unternehmen mitreißen.

Denken Sie bei einem Wutausbruch ihres Chefs daran, dass sein arrogantes Auftreten in direktem Zusammenhang steht mit seinen inneren Selbstzweifeln. Sie werden ihn nicht ändern können, entweder finden Sie sich damit ab, oder Sie wechseln die Arbeitsstelle. Der narzisstische Vorgesetzte hat für seine Mitarbeiter, die er als Untergebene ansieht, nur Verachtung übrig, andererseits kann er sich sehr gut bei seinen eigenen Vorgesetzten einschmeicheln.

5.2 DER NARZISST ALS KOLLEGE

Kollegen halten ihn für arrogant, egozentrisch, überaus eingebildet und auf sich selbst bedacht. Kollegen bedeuten dem Narzissten nichts, sie sind für ihn nur Mittel zum Zweck.

Ein narzisstischer Kollege wird versuchen, die anderen Kollegen kleinzuhalten. Um eigene Fehler zu verdecken, scheut er sich nicht, sie anderen zuzuschieben. Er wird die Leistung anderer ständig herabwerten und versuchen, vom Chef Zustimmung zu erhalten. Seine Leistung stellt er übertrieben und fehlerfrei dar, und er wird ebenso gern und oft die positiven Ergebnisse seiner Kollegen als seine eigenen ausgeben. Er ist der typische Wichtigtuer, da er denkt, nur das Beste verdient zu haben. Allerdings geht dieses Anspruchsdenken auf Kosten anderer.

ALLTAG

Er habe einen schweren Job, keine Frage. Eigentlich sei er der Einzige, der richtig arbeite in der Firma, erzählt er. Er müsse ständig für Kollegen die Arbeit mitmachen. Er mag nicht mehr, erzählt er, und ich verstehe das. Er wolle zum Chef gehen und sich beschweren, außerdem fordere er eine Lohnerhöhung. Allerdings sagte er gestern noch, dass er sowieso am meisten verdiene, weil er die schwerste Arbeit und diese am besten mache. Ich beschließe, dass mich das alles nichts angeht.

Hinter dem Rücken seiner Kollegen schreckt er vor keiner Schandtat zurück, um zu intrigieren und auch die Kollegen untereinander gegenseitig auszuspielen. Lügen, falsche Beschuldigungen und vieles mehr sind an der Tagesordnung. Fühlt er sich ungerecht behandelt, neigt er schnell zur Rachsucht. Der narzisstische Kollege kritisiert ständig seine Mitstreiter und würdigt deren Leistung herab. Er selbst verträgt allerdings nicht das kleinste Ausmaß an Kritik, selbst dann nicht, wenn sie konstruktiv vorgebracht wird. Er wird sofort einen Angriff starten, um den anderen mundtot zu machen. Dank seiner Redegewandtheit schafft er es sehr häufig, die anderen von seiner Meinung zu überzeugen, er redet sie dabei schlecht, und die Betroffenen fühlen sich immer unsicherer.

Viele Vorgesetzte achten weniger auf den Wahrheitsgehalt der Worte als auf die Anzahl.

Nicht nur wenn der Chef zur Tür hereinkommt, versucht der narzisstische Kollege, im Mittelpunkt zu stehen. Er stellt sich immer und überall derart zur Schau, dass er nicht übersehen werden kann. Als Folge davon fühlen sich die Kollegen immer wertloser. Er glaubt ernsthaft, seine Meinung ist die einzig wahre. Er fühlt sich intelligenter als andere und damit überlegener. Nur dem Chef gegenüber wird er sich zu benehmen wissen, aber nur, solange dieser anwesend ist.

Seine Leistungen sind nicht wirklich überragend, er arbeitet meist sehr oberflächlich und schafft es immer wieder, seine Hauptaufgabe auf andere Personen abzuwälzen. Trotzdem wird er sich stets als Opfer darstellen, und dementsprechend will er bemitleidet werden. Denn er ist an nichts schuld, im Zweifelsfall sind es irgendwie geartete Umstände, die ihn ausnahmsweise von der Arbeit abgehalten haben, und somit wird er doch selbstverständlich mit der Hilfe der Kollegen rechnen dürfen. Allerdings gilt das nicht mit umgekehrten Vorzeichen.

Der narzisstische Kollege ist selten als Letzter am Arbeitsplatz anzutreffen.

Muss man seinen narzisstisch veranlagten Kollegen kritisieren, so sollte man dies besonders gut verpacken, dabei am besten mit einem Lob anfangen und dann konstruktiv weiterführen. Zeigt er dennoch eine heftige Reaktion, sollte man sich angewöhnen, diese einfach stehen zu lassen und nicht persönlich zu nehmen. Hier ist ein besonderes Maß an Abgrenzung gefragt. Merkt man, dass man wieder Arbeit zugeschoben bekommt und man damit ausgenutzt wird, sollte man sich rechtzeitig abgrenzen und ein deutliches Nein verlauten lassen. Man sollte sich hierbei auch nicht in eine Diskussion hineinziehen lassen.

Gespräche mit einem narzisstischen Kollegen sollte man mit Ruhe und Gelassenheit, also mit der nötigen Distanz führen. Er wird immer versuchen, die Unterhaltung zu leiten, und findet er das Thema uninteressant, kann er dabei also nicht mit eigenen Leistungen brillieren, so wird er versuchen, das Gespräch möglichst schnell in die von ihm gewünschten Bahnen zu lenken. Noch extremer tritt dies in Erscheinung, wenn mehrere Personen beteiligt sind. Selbst wenn er fachlich keinen Beitrag leisten kann, so wird er sich immer wieder einmischen und versuchen, das Gespräch in seine Richtung zu lenken, ansonsten fühlt er sich ausgegrenzt. Dabei ist es ihm völlig egal, ob sein Beitrag am Thema vorbeigeht, Ziel ist nur, dass er selbst im Mittelpunkt steht.

Er schafft es, sich konstant wichtig zu machen.

Besonders schwierig wird es, wenn es zu einer Besprechung zwischen Kollegen und dem Chef kommt. Auch wenn der Narzisst nachweislich fehlerhaft gearbeitet hat, so wird er es nie im Leben zugeben. Er wird alles abstreiten, die anderen der Unterstellung bezichtigen, lügen, von Fakten berichten, die es überhaupt nicht gibt, und alles dafür tun, dass die anderen glauben müssen, dass er ungerecht behandelt wird und dass alle anderen die Tatsachen verdrehen. Auch wenn man ihm die Fakten vorlegt, wird er sich plötzlich an nichts mehr erinnern oder einen völlig anderen Zusammenhang damit herstellen. Bezeichnend ist, dass es ihm nichts ausmacht, sich immer wieder zu widersprechen. Das Gespräch dreht sich im Kreis.

ALLTAG

Wahnsinn, Lügen über Lügen ... Selbst wenn man ihm nachweist, dass die Dinge, die er erzählt, nicht stimmen, dann behauptet er, man hätte es nur falsch verstanden. Man kommt nicht an ihn heran, er geht auf keine Argumentation ein. Die Diskussion dreht sich im Kreis und nimmt kein Ende.

Der narzisstische Kollege kann es nicht ertragen, wenn der andere glücklich oder nur gut gelaunt ist. Er wird alles versuchen, um ihm möglichst schnell und anhaltend diese Stimmung zu verderben. Er fühlt sich extrem unwohl, wenn sein Umfeld einen zufriedenen Eindruck macht, und er wird mit Kritik, negativen Erzählungen, irgendwelchen Anzweiflungen oder sogar mit Zynismus die Stimmung verderben. Einem narzisstischen Kollegen muss man sehr deutliche Grenzen setzen, sonst kann man nicht mit ihm zusammenarbeiten.

Eine konstruktive Zusammenarbeit, ein Miteinander ist unmöglich.

Den geringsten Schaden richten die Narzissten an, wenn sie einerseits einem Job nachgehen, in dem sie Einzelkämpfer sind, dabei aber ihr Charisma einsetzen können, wie zum Beispiel im Vertriebsaußendienst, und wenn andererseits die Beziehungen zu Kunden immer nur kurzfristig bestehen. So kommen sie selten dazu, ihre Schattenseiten auszuleben. Narzissten wechseln allerdings häufig ihren Job, da sie öfter eine Kündigung erhalten als andere Kollegen.

ALLTAG

Erst größte Freundin, dann größte Feindin? Meine Kollegin – ehemals beste Freundin – lügt und intrigiert jetzt, wo es nur geht. Sie erhebt den Chefs und Kollegen gegenüber falsche Anschuldigungen und Vorwürfe gegen mich, in Telefonaten und E-Mails, mit Behauptungen, die sie nicht belegen kann. Ich kann Stellung nehmen und Beweise anbringen, wie ich will, das Misstrauen der anderen wird immer größer. Dafür steht sie strahlend im Mittelpunkt.

Kapitel 6

CO-ABHÄNGIGKEIT

Co-Abhängigkeit ist eine psychische Abhängigkeit. Im Falle von Narzissmus nimmt der Co-Abhängige den Narzissten vor anderen Leuten in Schutz und hilft sogar noch, Dinge zu vertuschen. Er übernimmt die Vorwürfe, die an den Narzissten gerichtet sind, und sogar die Schuld dafür, indem er den Anlass bei sich selbst sucht. Da der Narzisst ständig die Fehler beim anderen sieht, übernimmt der Co-Abhängige immer mehr die Schuld für das narzisstische Verhalten des anderen. Der Co-Abhängige lügt auch für ihn. Er lässt sich bei Unpässlichkeiten Ausreden für Freunde und Arbeitgeber einfallen und entschuldigt den Narzissten.

Die Aufgabe des Co-Narzissten ist, zu lernen, dass er nicht mehr brav und lieb sein muss. Er muss seine Selbstliebe so weit entwickeln, dass er merkt, dass er für sein Leben keinen anderen braucht. Kein entwickelter Mensch ist auf einen anderen angewiesen.

ALLTAG

Wir wohnen nicht zusammen, er wohnt jedoch nicht weit weg von mir. Er bringt zum Umkleiden Wechselwäsche mit, okay. Er wirft seine Kleidung über einen Stuhl im Essbereich. Nach und nach sind immer mehr Stühle belegt, was ich lange Zeit entschuldige. Kommen Gäste, muss erst einmal Platz geschaffen werden. Im Windfang stehen allmählich mehr Schuhe von ihm als von mir. Ich fühle mich wie in einem Belagerungszustand und verfrachte all seine Klamotten in mein Schlafzimmer, um sie dort auf einem Hocker hoch aufzustapeln. Er beschwert sich bitter, und sein Blick spricht Bände. Nach einiger Zeit bestehe ich darauf, dass er seine Sachen bei sich zu Hause lagert. Das sieht er als eindeutigen Liebesentzug an.

Jeder Mensch sollte die Verantwortung für sein Leben selbst übernehmen, nur dann kann er die Konsequenzen seines

Handelns tragen. Wenn ich aus meinem besten Wissen und Gewissen heraus entscheide, dann kann ich die Folgen meines Tuns tragen, egal wie sie aussehen. Höre ich auf die Ratschläge anderer, bin ich mir im Allgemeinen meiner selbst nicht sicher, und kommt dann ein Ergebnis heraus, das mir nicht gefällt, dann gebe ich dem anderen die Schuld. Jeder hat seine eigene Realität, jeder kann aufgrund seiner Erfahrungen nur für sich selbst entscheiden. Man kann anderen Menschen Anregungen geben und andere Aspekte beleuchten, aber nicht für einen anderen entscheiden.

Jeder ist für sich selbst und sein Tun verantwortlich.

Der Co-Narzisst sollte auf die Suche nach seinen Kindheitsmustern gehen, entdecken, auf welche Impulse er anspringt und wie er darauf reagiert, er tut gut daran, sich in Selbstreflexion zu üben und sich aufmerksam zu beobachten. So kommt er irgendwann darauf, warum er Sehnsucht nach einem Narzissten entwickelt hat. Dann braucht er dieses Gefühl aber nicht mehr und kann dem Narzissten auf einmal frei gegenüberstehen.

Der Co-Narzisst ist meistens selbst süchtig nach Anerkennung und Zuneigung. Hat er endlich genügend Selbstliebe entwickelt und ruht in sich selbst, so braucht er diese Anerkennung von außen nicht mehr. Um sich von einem Narzissten lösen zu können, muss man das eigene Leben, Pläne und Ziele wieder in den Vordergrund stellen oder sie erst einmal entwickeln.

Der Co-Abhängige macht sich mit einem Liebesschwur immer noch mehr abhängig. Obwohl er damit nur seine große Liebe zum Ausdruck bringen möchte, wird es der Narzisst so auffassen, dass sein Partner alles für ihn tun wird. Er wird es als das Geständnis völliger Ergebenheit verstehen und es im weiteren Verlauf der Beziehung entsprechend ausnutzen, um seinen Partner unter Druck zu setzen.

Eine Co-Abhängigkeit von einem Narzissten lässt sich besonders schwer ohne professionelle Hilfe in den Griff bekommen, die Rückfallquote ist hier sehr hoch, ähnlich der eines Drogenabhängigen. Für andere Menschen ist meist alles nach wenigen Monaten überstanden, der Co-Abhängige jedoch fühlt sich vom Narzissten magisch angezogen und sucht den Kontakt immer wieder neu.

Co-Abhängigkeit ist eine Sucht.

Das Motiv des Co-Abhängigen resultiert aus Mitleid, blindem Vertrauen, natürlich einem Helfersyndrom, aber auch aus einer angelernten Hilflosigkeit oder auch aus Scham. Äußerlichkeiten spielen weder beim Narzissten noch beim Co-Narzissten eine Rolle. Sehr oft führt auch einfach eine große Unbedarftheit zur Co-Abhängigkeit. Das Konstrukt einer Langzeitehe zum Beispiel, verbunden mit gemeinsamen Kindern, kann dazu führen, dass nichts mehr hinterfragt wird, sodass das Opfer erst spät merkt, dass irgendetwas nicht stimmt. Der Co-Abhängige kommt dem Partner nicht auf die Schliche, wird auf der einen Seite manipuliert, auf der anderen Seite nimmt er ihn sogar in Schutz und lebt somit in einer Scheinwelt. Irgendwann kommt es dann zu einer Belastungsstörung oder auch zu einer manifesten Angststörung, und keiner erkennt die Ursachen.

Der einzige Heilungsansatz besteht darin, jeglichen Kontakt abzubrechen. Letztendlich hilft nur die sogenannte Grey-Rock-Methode, was bedeutet, nicht in Erscheinung zu treten, absolut nicht zu reagieren, egal ob auf Positives oder Negatives. Es sollte alles Erdenkliche unternommen werden, um den Kontakt abzubrechen: Telefonnummern blockieren, keine Nachrichten oder Briefe lesen, sich unter keinen Umständen rechtfertigen. Kann man den Kontakt aufgrund eines gemeinsamen Sorgerechts nicht völlig abbrechen, dann sollte man diesen auf ein Minimum beschränken und nur ganz klar über Abmachungen sprechen, knapp und bündig. Wirksam ist es auch, dem Narzissten nicht in die Augen zu schauen, sich dabei nicht unterwürfig abzuwenden, sondern absolutes Desinteresse zu zeigen.

Co-Abhängige sind sehr häufig Hochsensible oder Empathen, die an das Gute im Menschen glauben und die denken, dass die meisten Probleme dieser Welt mit Liebe zu retten wären. Auch wenn diese Beschreibung etwas überzeichnet sein mag, so trifft sie das Problem doch im Urgrund. Dieser Co-Abhängige versucht im Besonderen, seinen narzisstischen Partner zu verstehen und seine Schattenseiten zu erkennen, oder er glaubt, eine Spiegelung seines Selbst zu sehen. Ohne die Mechanismen, die hier im Verborgenen wirken, zu verstehen, ist es nahezu unmöglich, heil aus der Situation herauszukommen.

Damit eine solche extreme narzisstische Beziehung mit Co-Abhängigkeit überhaupt entsteht, sind zwei Seiten vonnöten: auf der einen Seite der Narzisst, auf der anderen Seite – als künftiger Co-Abhängiger – ein Mensch mit diversen Traumata aus der Kindheit, der sich aufgrund dieser eine derartige Behandlung gefallen lässt. Aber genau diese Situation birgt, sofern sie erkannt wird, die Möglichkeit, an sich zu arbeiten – am besten mit professioneller Hilfe – und sich auf diese Weise weiterzuentwickeln, damit man künftig nicht mehr in solch eine Situation gerät.

Kapitel 7

THERAPIE UND HEILUNG FÜR NARZISSTEN

In der Psychologie gibt es einen Konsens darüber, dass der krankhafte Narzissmus eine unheilbare Persönlichkeitsstörung ist und somit ein Narzisst auch mit therapeutischer Unterstützung nicht in der Lage ist, die unter anderem in der Kindheit entstandenen Defizite so aufzuarbeiten, dass er sich zu einer neurotypischen Person entwickelt. Allerdings kann ihm geholfen werden, mit seiner Störung besser umzugehen, also sie bis zu einem gewissen Grad zu verstehen, damit er in bestimmten Situationen umweltverträglicher reagiert. Denn nicht er leidet unter dieser Störung, sondern seine Umwelt.

Die narzisstische Persönlichkeitsstörung wird mit Psychotherapie behandelt. Weil der Narzisst allerdings ein übersteigertes Selbstbild von sich hat, wird er normalerweise von sich aus keine Notwendigkeit erkennen, sich einer Therapie zu unterziehen. Nur falls andere psychische Störungen, wie eine Depression, vorliegen, wird er eventuell den Weg zu einem Therapeuten finden. Stellen Sie sich vor, Sie wären der Überzeugung, dass sich die ganze Welt um Sie dreht, und auf einmal behauptet jemand das Gegenteil, sogar noch mehr: Er bezeichnet Sie als krank und therapiebedürftig. Kein Wunder, dass der Narzisst sofort auf Verteidigungsmodus der höchsten Stufe schaltet.

Der Narzisst findet sich gut, so wie er ist.

Die Therapie eines Narzissten versucht unter anderem, den Patienten dahin zu bringen, sein Selbstbild nicht mehr so abhängig von seinen Mitmenschen zu machen und zu lernen, mit Kritik besser umzugehen. Auch an seiner Empathiefähigkeit wird gearbeitet.[29]

Da ein Narzisst sich nicht selbst infrage stellt, gestaltet sich eine Therapie äußerst schwierig. Er wird die Aussagen des Therapeuten anzweifeln oder neidisch auf ihn reagieren und manchmal sogar versuchen, ihn zu unterwerfen. Damit ein Narzisst eine Therapie auch wirklich wahrnimmt, muss sein Leidensdruck sehr hoch sein. Da er aber im Allgemeinen an seinem Verhalten nichts auszusetzen weiß, ist es schwer, ihn zu einer Therapie zu bewegen. Es gibt selten etwas, das ihn dazu antreiben würde.

Der Narzisst ist jedenfalls wahrhaft eine Aufgabe für jeden Therapeuten, nicht nur, weil sehr viele narzisstische Patienten die Therapie vorzeitig abbrechen. Mit komplementärer Medizin wie Naturheilkunde, Homöopathie, Schüßler-Salzen, ätherischen Ölen oder auch Ernährungsumstellung ist dem Narzissmus nicht beizukommen, da er keine Erkrankung, sondern eine Persönlichkeitsstörung ist. Einer Persönlichkeitsstörung liegen tief verwurzelte Verhaltensmuster zugrunde, die Auswirkungen darauf haben, wie diese Person in einer Gesellschaft agiert. Meistens treten Persönlichkeitsstörungen spätestens im Laufe der Pubertät auf und bestehen ein Leben lang, das heißt, diese Person muss das Leben mit der Störung lernen. Deshalb ist Narzissmus an sich auch nicht heilbar, es kann nur der Versuch stattfinden, über eine Bewusstseinswerdung die Auswirkungen zu mildern. In der Behandlung lernt der Narzisst, mit seiner Störung besser umzugehen.[30]

Narzissten verschließen sich allerdings meist nachdrücklich der Kritik an ihrer Persönlichkeitsstörung. Sie sehen das Problem immer bei anderen und nicht bei sich selbst. Meist führen nur die Folge- oder Begleiterkrankungen, wie Depressionen, Sucht oder ein Suizidversuch, dazu, dass sie versuchen, professionelle Hilfe in Anspruch zu nehmen.[31]

ALLTAG

Meine Kollegin, eine angebliche Ex-Bulimikerin und Ex-Borderlinerin, leidet immer mehr. Vor allem bei Tagungen und dort beim Essen beziehungsweise bei der Essensbestellung, die von Mal zu Mal länger dauert. Die Unverträglichkeiten nehmen immer mehr zu: keine Butter, kein Öl, keine Kohlenhydrate, keine Milchprodukte ... Einfacher wäre es, wenn sie gar nichts essen würde. Eigenartigerweise verträgt sie so einiges an Fast Food. Da wir, was Ernährung betrifft, alle vom Fach kommen, hält sie sich bei solchen Treffen an unseren Chef und hält stundenlange Gespräche mit ihm ab, in denen sie ihm ihr Leid klagt und mit ihm etwaige weitere Untersuchungen für sich bespricht. Ansonsten leidet sie einfach. Bei jeder netten, positiven Unterhaltung, die sich auftut, sitzt sie mit leidendem Gesicht da, bis sie die Aufmerksamkeit auf sich gezogen hat, um bei Nachfrage nach ihrem Wohlbefinden zu versichern, dass es so schlimm ja nicht sei. Somit schafft sie es ständig, die volle Aufmerksamkeit auf sich zu ziehen, und erreicht damit, dass sich nahezu alles um sie dreht. Nichts um sie herum interessiert sie.

Die Schwierigkeiten in der Therapie liegen darin begründet, dass der Narzisst mehr Empathie entwickeln müsste, damit sich seine Alltagsbeziehungen ändern können. Allerdings fehlt es hier an der Einsichtsfähigkeit, obwohl die Diagnose keine Verurteilung des Betroffenen ist, sondern eine Hilfe, sich und seine Umwelt besser zu verstehen.

Der Therapeut hilft dem Betroffenen, seine Gefühle besser wahrnehmen zu können oder sie erst einmal zu entdecken, und versucht, neue Verhaltensstrategien zu entwickeln, die zu einem besseren Miteinander mit seiner Umwelt führen. So soll sein eigenes Leben verbessert werden. Es wird davon ausgegangen, dass sich im Laufe einer jahrelangen Therapie die Symptome bei ungefähr 50 bis 60 Prozent der Patienten reduzieren.[32]

Die Symptome lassen sich vermindern, aber die narzisstischen Grundzüge bleiben.

Der krankhafte Narzisst hat ein geringes Störungsbewusstsein, gepaart mit einem manipulativen Antwortverhalten. Dies ist ein großes Problem, da er dadurch die diagnostische Prozedur entwertet und Misstrauen zeigt. Als Therapieverfahren greift man zu Psychoanalyse, Gesprächstherapie, kognitiver Therapie und Schematherapie.[33]

Schulische und berufliche Erfolgserlebnisse können einen krankhaften Narzissten verändern, wie auch positive Beziehungserfahrungen. Verschlechternd sind allerdings desillusionierende Erfahrungen. Man muss in der Therapie also versuchen, die Selbstüberschätzung abzubauen und gleichzeitig die Problemlösungsfähigkeit aufzubauen. Die Frustrationstoleranz muss unbedingt erhöht werden, damit an die Umwelt realistische Erwartungen gestellt und auch die Perspektiven im beruflichen Leben realistischer werden. Es muss geübt werden, mit Kritik konstruktiv umzugehen, und die Empathiefähigkeit sollte erhöht werden, damit es möglich wird, unterschiedliche Perspektiven einzunehmen und Realitäten zu erkennen. Der Narzisst sollte dazu kommen, Nähe und Abhängigkeit zuzulassen, verbunden mit der Erfahrung, dass ihm dadurch nichts Negatives passiert.

Der Anlass für eine Therapie wird immer eine akute Krise sein, die meist von einem Scheitern im beruflichen oder privaten Umfeld ausgelöst wird oder durch die schon erwähnten Begleiterkrankungen.[34]

Allerdings können wegen des Gefühls von Lebensüberdruss auch Suizidgedanken entstehen. Gerade bei Suizidgefahr wird meist mit einer stationären Therapie begonnen, um den Patienten zu stabilisieren, bevor versucht wird, diverse Wertvorstellungen zu ändern, um dann zu einer realistischen Einschätzung des Selbstbildes zu kommen und Bindungsfähigkeit aufzubauen.[35]

Bei Suizidgefahr ist eine Therapie unumgänglich.

Dazu muss als Erstes ein Bewusstsein für das Krankheitsbild geschaffen werden. Dabei hilft es, den biografischen Hintergrund zu beleuchten, um die verleugneten und verdeckten Selbstzweifel aufzuzeigen. Danach wird eine innere Distanzierung aufgebaut, um sich nicht ständig betroffen zu fühlen. Es wird empathisches Verhalten geübt, insbesondere in Situationen mit entsprechend aggressivem und respektlosem Verhalten. Damit lernt der Patient, anderen Menschen auf Augenhöhe zu begegnen und eigene Interessen in einem normalen Maß deutlich zu machen. Je nachdem wie hoch das Suizidrisiko eingeschätzt wird, verläuft die Therapie auch über längere Zeit stationär.

Es geht darum, die entsprechenden Auslöser in bestimmten Situationen zu erkennen und Strategien zu erarbeiten, die helfen, mit ihnen umzugehen. Verhaltensstrukturen sollten modifiziert und bisher verborgene Emotionen und Bedürfnisse bewusst gemacht werden, um an ihnen arbeiten zu können und sie somit auch zu bewältigen.[36]

Kommunikationstraining sorgt für die Möglichkeit, zu lernen, mit Kritik besser umzugehen. Auch eine Gruppentherapie kann helfen, sich neu zu orientieren und die Sinnhaftigkeit des Lebens zu erkennen. Psychopharmaka werden in der Regel nicht eingesetzt, außer es liegen gleichzeitig Depressionen vor.

Der erste Schritt ist jedoch immer der Aufbau einer tragfähigen und wertschätzenden Beziehung zum Therapeuten. Damit die Therapie erfolgreich verläuft, ist die aktive Mitwirkung des Patienten erforderlich. Ist der Narzisst der Meinung, dass er keine psychischen oder emotionalen Probleme hat, sieht er auch keinen Grund, sein Verhalten zu verändern oder sich an irgendwelche Vorgaben zu halten, mit denen er im Urgrund nicht einverstanden ist. Ist er mit sich zufrieden, erlebt er subjektiv kein Leid und findet er sein Verhalten zweckmäßig, so hält er es auch für legitim, andere Menschen zu beeinflussen und zu betrügen.

Therapieprogramme erreichen selten mehr, als einem Narzissten neue Entschuldigungen und Rechtfertigungen für sein Verhalten zu liefern. Er erhält allerdings dabei weiteres Wissen über andere Menschen und unter Umständen auch über Methoden, wie er diese noch besser manipulieren kann. Mir sind in Opfergruppen Narzissten begegnet, die angeblich lernen wollten, die Gefühle anderer Menschen und die Auswirkungen ihres Tuns besser zu verstehen. Letztendlich haben sie aber kein Interesse daran, ihre eigenen Ansichten zu ändern, und es ist nicht möglich, ihnen ein Gefühl von Reue oder Anteilnahme zu vermitteln. Sie lernen in solchen Gruppen höchstens, wie man Leute unter Druck setzt.

Allerdings ist festzustellen, dass eine Therapie im Alter mehr Aussicht auf einen gewissen Erfolg hat.[37]

Kapitel 8

WIE SCHÜTZT MAN SICH VOR NARZISSTEN?

Die Wahrscheinlichkeit ist hoch, dass Sie früher oder später auf einen Narzissten treffen. Es geht darum, ihn möglichst früh zu erkennen beziehungsweise sich wieder von ihm zu trennen und den nächsten schneller zu enttarnen.

Narzissten suchen sich Menschen mit einem geringen Selbstwertgefühl aus, die sich in einer schwächeren Position befinden. Diese sind besonders gut zu manipulieren und einzuschüchtern. Das ideale Opfer ist ein gewissenhafter Mensch mit einem Hang, Schuld auf sich zu nehmen, ein Mensch mit wenig Selbstbewusstsein. Geringes Selbstbewusstsein kann viele Gründe haben, nicht immer sind sie in der Kindheit zu suchen, sondern auch in der Gegenwart, im Alltag, zum Beispiel im Beruf oder im Umgang mit unseren Freunden. Aber auch die eigene, ganz persönliche Einstellung, verbunden mit den eigenen Glaubenssätzen, bestimmt, wie wir uns fühlen. Auch übersteigerte Erwartungen, egal ob sie von außen oder aus uns selbst kommen, tragen oft zu einem geringen Selbstbewusstsein bei. Menschen, die empfindlich gegenüber dem Urteil oder der Kritik anderer sind, sind besonders gefährdet. Sie neigen dazu, sich ständig zu rechtfertigen. Ein Narzisst findet diese Schwachpunkte und nutzt sie schamlos aus.

ALLTAG

Manche schaffen es, nicht nur unfreundlich mit Menschen, sondern auch mit Tieren umzugehen. Meine neue Bekanntschaft ist das erste Mal bei mir zu Hause und sitzt auf meinem Sofa. Meine Katze kommt herein und springt auf einen Hocker vor ihm. Er bedenkt sie mit einem hässlichen, idiotischen Ausspruch, den ich vergessen habe. An meine Antwort allerdings erinnere ich mich: „Sei vorsichtig, meine Katze hat hier das Hausrecht, du nicht!" Es kam zu keinem weiteren Besuch mehr. Ich erwarte einen respektvollen Umgangston sowohl Menschen als auch Tieren gegenüber.

Machen Sie sich klar, dass der Narzisst dazu in der Lage ist, sehr viel Sehnsucht in Ihnen zu erwecken, indem er Ihnen ein Unmaß an Bestätigung gibt, um es Ihnen anschließend bei Bedarf wieder entziehen zu können. Je öfter er dies praktiziert, desto süchtiger wird man. Man will dieses angenehme Gefühl der Sehnsucht wieder verspüren, fühlt sich schuldig daran, dass man es nicht mehr erfährt, und fängt an, Dinge zu tun, die man sonst nicht tun würde, nur um wieder dieses Gefühl zu erhalten. Dieses Gefühl jedoch ist nicht echt.

Der Narzisst ist ein wahrer Energieräuber, und den Betroffenen geht es schlechter und schlechter. Sie kommen gar nicht mehr dazu, ihre Batterien aufzuladen. Einmal in diesen Teufelskreis geraten, ist es sehr schwer, die schwindende Selbstliebe wiederaufzubauen.

ALLTAG

Meine nagelneue Bekanntschaft ist zu Besuch. Warum läuft eigentlich der Fernseher? Wir kennen uns erst so kurze Zeit, dass wir uns noch nicht so viel erzählt haben. Als ich anfange, etwas zu sagen, komme ich nur einen halben Satz weit, denn er unterbricht mich unwirsch, weil er irgendeine Dokumentation sehen will. Und tschüs! Ich denke, ich bin es wert, dass man sich um mich kümmert.

Der Narzisst füllt seine innere Leere mit unserer Energie und lässt uns leer zurück. Er ist sozusagen ein moderner Vampir. Achten Sie auf Lügen und Unstimmigkeiten. Hinterfragen Sie, wenn Ihnen irgendetwas suspekt vorkommt. Das ist als Aufklärung anzusehen und nicht als Misstrauen, wie es der Narzisst bezeichnen wird.

Schauen Sie sich die Eigenarten des anderen genauer an, und tun Sie diese nicht vorschnell als mehr oder weniger übliche

Macken ab. Haben Sie ein ungutes Gefühl, dann denken Sie bitte nicht, dass es sich nur um eine vorübergehende Phase handeln könnte oder gar um eine Unpässlichkeit von Ihnen. Vertrauen Sie Ihren Gefühlen, Sie irren sich nicht. Und fühlen Sie sich dem Partner gegenüber nicht schuldig.

ALLTAG

Ich spiele Gitarre, das heißt, ich übe jeden Tag zumindest eine gewisse Zeit das Gitarrenspiel. Für einen Profi spiele ich schlecht, für einen Amateur recht gut. Um in Übung zu bleiben, spiele ich jeden Tag, und wenn es nur eine halbe Stunde ist. Als er viel Zeit vor dem Fernseher verbringt, verziehe ich mich in mein Büro, um zu üben. Nicht, dass ich damit gerechnet hätte, anschließend mit Lob überhäuft zu werden, sicherlich nicht, aber Erwähnung finden könnte es schon, und wenn auch nur in Form eines lapidaren „Ach, du spielst Gitarre?". Dazu kommt es dann auch irgendwann – nach ungefähr drei Monaten. Er zum Beispiel bekommt regelmäßig seine Anfälle, hüpft dabei wild durchs Wohnzimmer, spielt Luftgitarre und führt sich auf, als hätte er ein tobendes Publikum vor sich, und erwartet selbstverständlich auch von mir Standing Ovations. Es ist nur wichtig, was er tut und fühlt …

Natürlich setzt eine gute Partnerschaft auch immer die Bereitschaft voraus, an der Beziehung zu arbeiten, aber man sollte von Anfang an in die gleiche Richtung blicken und nicht gänzlich unterschiedliche Ansichten haben. Wenn ein Narzisst sich nicht mit Ihnen austauschen möchte und schweigt, dann sind Sie machtlos. Vergessen Sie Ihre Bemühungen, denn das führt zu überhaupt nichts, Sie werden ihn zu keiner Regung oder Entscheidung bewegen können. Geht es um Entscheidungen, die der Narzisst mitzutreffen hat, so können Sie als Notlösung auch die Sachlage schriftlich darlegen und im Zweifelsfall sogar eine Frist setzen. Anders ist man ihm manchmal nicht beizukommen.

Behalten Sie einen klaren Blick für sich und die Umwelt.

Man kann den Narzissten durchaus mit Lob und Anerkennung füttern, dann hat man kurzzeitig seine Ruhe. Jedoch sollte es sich dabei um Dinge drehen, die man mit gutem Gewissen auch loben kann, sonst gerät der eigene Seelenfrieden aus dem Gleichgewicht. Kommt es zu einem Wutausbruch des Narzissten, sollte man sich unbedingt klarmachen, dass man selbst damit nicht gemeint ist.

ALLTAG

Mein Partner weiß, dass ich früher Pferde gehalten und ausgebildet habe. Er könne auch reiten, sagt er und plant, mit mir einen Ausritt zu machen. Ich frage nach, wie es genau mit seinen Reitkünsten aussieht. Er erzählt mir, wie begeistert seine Bekannte, die einen Reiterhof besitzt, von ihm gewesen war. Er durfte sogar ihren Hengst reiten. Ich frage nach, wann das war. Vor mehr als 20 Jahren, sagt er! Auf meine Frage, wohin er reiten will und wie weit es sei, erklärt er mir, dass es um eine Entfernung von über 50 Kilometer geht. Das ist eigentlich schon ein kleiner Distanzritt und weder für ungeübte Reiter noch für untrainierte Pferde machbar, zumal das Gelände einiges an Höhenmetern aufweist. Er hat nicht eine Reitstunde absolviert, er weiß nicht einmal, ob es diesen Reitstall noch gibt, und es wäre zutiefst unverantwortlich, solch eine Tour zu machen. Als ich versuche, diese Fakten möglichst diplomatisch zu vermitteln, ist er zutiefst beleidigt und betroffen, dass ich seinen guten Willen nicht anerkenne. Das alles steigert sich zu einem langen Wutausbruch mit Beschimpfungen.

Denken Sie daran: Kein Mensch gehört einem anderen, auch nicht in einer Liebesbeziehung. Niemand hat das Recht, Sie zu manipulieren oder zu kontrollieren. Man bemerkt solche Dinge durchaus, nimmt sie aber selten wichtig genug. Achten Sie auf diese Zeichen, und reagieren Sie rechtzeitig darauf, indem Sie das Feld räumen, denn ändern werden Sie den Narzissten nicht. Mal davon abgesehen, dass man in einer Beziehung sowieso nicht den Plan haben sollte, den anderen zu ändern.

ALLTAG

Nachdem er mich über mehrere Tage jeweils nach der Arbeit stundenlang beschimpft hatte, habe ich ihm klargemacht, dass ich so nicht einmal mit meinem größten Feind umgehen würde. Ich lasse das nicht länger zu. Er sagt, er habe das nicht persönlich gemeint, er habe so viel Stress in seiner Arbeit und mit seiner Familie, dass er sich einfach abreagieren müsse. Ich solle es nicht persönlich nehmen. Ich versuche, ihm klarzumachen, dass ich diesen Stress nicht aushalte. Ich bin nicht dazu da, dass er sich an mir abreagiert. Ich empfinde es als Angriff auf meine Persönlichkeit.

Hören Sie auf Ihre Intuition, indem Sie Ihre Mitte stärken, regelmäßig meditieren und sich selbst wichtig nehmen. Achten Sie darauf, ob Versprechungen eingehalten werden. Der Narzisst verspricht viel, hat allerdings ein schlechtes Gedächtnis und sowieso nicht den Willen dazu, seine Versprechen zu erfüllen, sie sind in den jeweiligen Momenten nur Mittel zum Zweck. Fragen Sie nach, wenn Abmachungen nicht eingehalten werden, und machen Sie sich Gedanken über die vielen Ausreden, die er als Entschuldigung vorbringt. Ob Einladungen zum Essen oder Ausflüge, alles wird recht schnell dahingesprochen, am nächsten Tag ist es schon wieder vergessen.

Haken Sie nach, und achten Sie darauf, ob nicht sofort Vorwürfe kommen, Sie seien kleinlich.

Machen Sie klassische Werte wie Zuverlässigkeit, Treue und Authentizität zum Maßstab.

Bemerken Sie, in welcher Weise er von seiner Familie, seinen Kollegen oder Freunden spricht. Berichtet er, wie sehr er von ihnen bewundert wird? Erzählt er, wie wenig sein Kollege leistet und dass er ihm immer so viel Arbeit abnehmen muss? Man sollte sich fragen, warum er überhaupt so viel von anderen Menschen erzählt.

ALLTAG

Er erzählt mir von den sexuellen Schwierigkeiten seiner Bekannten. Wechseljahre, erektile Dysfunktionen und noch viel mehr Dinge, die meiner Meinung nach in der jeweiligen Familie bleiben sollten. Er macht sich darüber Gedanken, wie man den Menschen helfen könnte. Ich sage, dafür gebe es therapeutische Hilfe. Er fängt wieder von vorne an. Ich mache mir Gedanken darüber, was er wohl über uns erzählt ...

Der Narzisst kommt Ihnen extrem nahe, sucht Ihre Nähe und passt sich nahezu perfekt an Ihre Wünsche und Bedürfnisse an. Damit versucht er, Ihr Mitgefühl zu erregen, und fängt andererseits an, Sie von der Umwelt zu isolieren. Er raubt Ihnen damit ein hohes Maß an Energie, ohne etwas zurückzugeben.

Egal in welchem Umkreis Ihnen krankhafte Narzissten begegnen, nutzen Sie den Ärger und die Qual, die diese Menschen Ihnen bereiten, zu Ihrem eigenen Vorteil. Werden Sie mutig, lernen Sie aus Ihren Erfahrungen, und setzen Sie diese zu Ihren eigenen Gunsten um. Gestalten Sie Ihr Leben neu, und stärken Sie Ihr eigenes, innerstes Selbst. Lernen Sie, sich rechtzeitig abzugrenzen. Kommen Sie dem krankhaften Narzissten zuvor, und stellen Sie Ihre eigenen Erfolge ins Rampenlicht. Nichts wird ihn schneller zurückdrängen, als wenn ihm die Bühne fehlt.

Nehmen Sie sich selbst wichtig.

Machen Sie sich nicht von der Meinung anderer abhängig, loben Sie sich selbst für Ihre Erfolge. Ihre Selbstbestätigung und Selbstachtung werden jeden Narzissten in die Flucht schlagen. Und sorgen Sie gut für sich. Meditieren Sie regelmäßig, und treiben Sie Sport und Yoga. Das stärkt die Selbstachtung und macht Sie unabhängig. Tun Sie alles dafür, selbstständig für sich zu entscheiden, und übernehmen Sie die Verantwortung für Ihr Leben, dann gibt es keinen Platz für einen Narzissten.

Wenn Sie merken, dass Sie mit einem Energieräuber zusammen sind, dann lassen Sie sich auf keine Diskussion ein, die Ihnen nur noch weitere Energie raubt. Schweigen ist Gold, heißt es hier, lassen Sie sich nicht auf einen Schlagabtausch ein, und brechen Sie so schnell wie möglich den Kontakt ab. Spielen Sie nie das Spiel der Aggressivität mit. Regen Sie sich auf keinen Fall auf, sondern notieren Sie im Geiste die Ihnen entgegengebrachten Aggressionen.

ALLTAG

Er kommt nach Hause, trinkt ein Bier nach dem anderen und schimpft und diskutiert stundenlang mit mir. Er greift mich nicht persönlich an, schimpft aber über Gott und die Welt. Alles ist schlecht, die Menschheit hätte auf dem Stand von vor 10.000 Jahren stehen bleiben sollen, die Menschheit macht alles kaputt, er persönlich natürlich nicht. Überall sieht er nur Leid und Negativität, er ist sehr großzügig mit seiner Schuldverteilung. Von positiven, konstruktiven Beispielen will er nichts hören, die sind alle gelogen und existieren nicht. Nach Stunden gebe ich auf und sage, dass ich nichts mehr hören will, dass ich nervlich am Ende bin, dass mich das Gespräch total auslaugt. Da fragt er mich, warum. Denn er habe mich doch nicht einmal persönlich angegriffen.

Blicken Sie nach vorne, und gehen Sie keine Kompromisse ein bei Dingen, die Ihnen wichtig sind. Äußern Sie klar Ihre Meinung, und lassen Sie sich nicht beirren, nur Sie selbst können entscheiden, was gut für Sie ist.

Und auch wenn Sie eine oder mehrere Beziehungen mit einem narzisstischen Partner hinter sich haben sollten, dann denken Sie daran, dass Sie bei jeder Erfahrung weiter wachsen, bis Sie über sich hinausgewachsen sind. Aus jeder Erfahrung lernt man, nichts ist umsonst. Es dient alles Ihrer Weiterentwicklung, denn irgendwann lassen Sie nicht mehr alles mit sich machen. Wenn Ihr Selbstwertgefühl groß genug ist, dann sind Sie sich zu schade für derartige Spielereien.

Begeben Sie sich nicht in eine Opferrolle.

Kümmern Sie sich rechtzeitig um eine vernünftige Ausbildung und einen Job, damit Sie unabhängig sind. Dann fällt es im Zweifelsfalle auch nicht schwer, aus der gemeinsamen Wohnung auszuziehen in eine eigene, unter Umständen eben in eine kleinere. Auch wenn man in der ersten Phase des Verliebtseins eine rosarote Brille trägt, hüten Sie sich davor, in den ersten Wochen auf ein Angebot des Zusammenziehens oder sogar auf Heirat und Kinderwunsch des anderen einzugehen.

Machen Sie sich Gedanken darüber, wie für Sie eine gesunde Beziehung auszusehen hat. Für mich gehört dazu, dass beide Personen eine gewisse Empathie füreinander haben und sich gegenseitig unterstützen und ermutigen, damit beide Seiten erfolgreich und glücklich sein können. Es ist für mich absolut selbstverständlich, dass jeder den anderen respektiert und dass man sich vertrauen kann. Keiner übt Macht über den anderen aus oder versucht, ihn zu manipulieren. Achten Sie auf Unstimmigkeiten.

Das Wichtigste, um sich vor Narzissmus zu schützen, ist letztendlich, bei sich zu bleiben und sich nicht für einen anderen aufzugeben, ehrlich zu sich selbst und natürlich auch zu anderen zu sein, gesunde Grenzen einzuhalten, und nicht zuletzt ein ausreichendes Maß an Skepsis. Es beginnt alles damit, sich selbst zu achten und sich wichtig zu nehmen, nur dann kann man sich auch selbst vertrauen, an sich glauben. Jeder Einzelne ist verantwortlich für sein Selbstvertrauen. Es kann einem keiner von außen geben, man muss es selbst in sich entdecken und entwickeln.

Typischer Wortwechsel

Er: *„Ich bin frei geboren …"*

Ich: *„Jeder hierzulande ist frei geboren …"*

Er: *„ICH bin frei geboren …"*

Ich: *„Das solltest du aber nur in einer Art ausleben, in der du andere in ihrem Leben nicht beeinträchtigst, denn diese sind auch frei geboren!"*

Es wird eine Zeit geben, in der man sich fragt, wie dumm man war, um auf so jemanden hereinzufallen. Aber es hörte sich alles so einleuchtend und vernünftig an. Ob vertrauensselig und leichtgläubig oder nicht, fast jeder ist ein potenzielles Opfer solcher Menschen mit einer schweren Verhaltensstörung. Achten Sie in Zukunft auf kurz aufeinanderfolgende sich widersprechende Aussagen, die sich leicht als Lügen enttarnen lassen. Meist wird einfach eine Unmenge an unkoordinierten Worten und Gedanken produziert.

Es kann jedem passieren, auf einen Narzissten hereinzufallen, aber es sollte niemandem passieren, bei ihm zu bleiben und sich quälen zu lassen.

Lassen Sie sich nicht von seinem schillernden Charisma blenden. Achten Sie auf seinen „starren" Blick, der eine Machtprobe ist und nichts mit Interesse an Ihnen zu tun hat. Dieses raubtierhafte Gebaren kann der Narzisst schlecht verbergen. Bemerken Sie das theatralische Gehabe, und achten Sie darauf, ob Mimik und Gesagtes übereinstimmen. Wenn etwas zu gut klingt, um wahr zu sein, dann ist es das auch meistens nicht. So manch geprellter Anleger kann das bestätigen.

Lassen Sie sich genügend Zeit, den Hintergrund eines neuen Bekannten kennenzulernen, egal ob privater oder geschäftlicher Natur. Seien Sie sich Ihrer eigenen Schwächen bewusst, das ist der beste Schutz davor, dass diese Schwächen von anderen nicht ausgenutzt werden.

Werden Sie bei folgenden Ausdrücken hellhörig, und bemerken Sie, was wirklich damit gemeint ist:

„Es tut mir leid, dass es dir schlecht geht."

Ich kann nichts dafür, dass deine Emotionen so stark sind, und es ist mir auch völlig egal. Es tut mir höchstens leid, dass du mich ertappt hast. Es ist deine Schuld, wenn du meinst, du könntest dich auf mich verlassen, denn ich habe recht und auch das Anrecht darauf, das zu bekommen, was ich will.

„Du spinnst dir irgendetwas zusammen."

Ich beweise dir, dass du meine Überlegenheit nicht anzuzweifeln hast, eher zerstöre ich dich. Ich liebe es, dich zu provozieren, und ich liebe deine Reaktion darauf. Ich kann die Sachen so verdrehen, dass du dastehst, als wärest du verrückt.

„Du reagierst überempfindlich."

Ich schaffe es, dich davon zu überzeugen, dass du glaubst, ohne Grund wütend zu sein, egal was ich mache. Du sollst dich selbst infrage stellen und nicht mich. Du sollst meine Wünsche erfüllen, und solange du dir nicht selbst vertraust, wirst du das auch tun.

„Du bist grundlos eifersüchtig."

Es macht mir Spaß, zu sehen, wie unsicher du wirst, wenn ich mit anderen Frauen flirte. Es verleiht mir ein Gefühl der Macht, und ich fühle mich besonders begehrenswert. Ich locke dich gerne aus der Reserve und mache dich wütend. Ich weise gerne auf deine Mängel hin, egal ob es sie gibt oder nicht, denn dann fühlst du dich schwach. Und aus dieser Schwäche heraus tust du alles für mich, was ich fordere.

„Du willst immer im Mittelpunkt stehen und recht haben."

Allein ich habe das Anrecht darauf, im Mittelpunkt zu stehen. Du ziehst Aufmerksamkeit von mir ab. Was du sagst oder tust, ist völlig unwichtig für mich und auch für den Rest der Welt. Ich werde dafür sorgen, dass du dich schuldig fühlst und dich schämst, mich so zu vernachlässigen.

„Ich liebe Dich."

Ich überschütte dich mit Liebe, damit ich dich besser ausnutzen kann, damit du mir hörig wirst und tust, was ich will. Ich will dich besitzen und kontrollieren, dann kann ich dich erniedrigen, wann ich will.

Sollten Sie sich angesprochen fühlen, so denken Sie daran, dass Sie nicht allein sind. Machen Sie sich auf die Suche nach Opfergruppen oder anderen Selbsthilfegruppen. Sie werden sich wundern, wie viele Menschen von diesem Thema betroffen sind. Das macht die Sachlage nicht ungeschehen, aber es beruhigt.

Nach der Verarbeitung der Erlebnisse, die man in einer solch toxischen Beziehung gemacht hat, kann man dankbar sein für die Erfahrungen, die damit zusammenhängen. Dankbar dafür, dass man die eigenen Grenzen kennenlernen durfte, dankbar dafür, dass man erfahren konnte, wie stark man ist. Man wird gezwungen, zu wachsen. Danach geht alles leichter.

Kapitel 9

HEILUNG FÜR EMPATHEN UND HOCHSENSIBLE

Auch wenn man als Opfer von narzisstischem Missbrauch therapiebedürftig ist, sollte man als Erstes bestrebt sein, zu erfahren, wie man möglichst schnell aus diesen Umständen herauskommt, und erst danach, warum man in diese Lage geraten ist. Schlussendlich wird man gestärkt aus dieser Situation hervorgehen.

Und hier stellt sich die Frage: Was soll ich daraus lernen? Der Hochsensible oder der Empath soll lernen, sich abzugrenzen, für sich selbst Verantwortung zu übernehmen und sich klarzumachen, dass er für seine Gefühle selbst verantwortlich ist. Er muss sich selbst endlich wichtig nehmen und nicht immer nur die anderen Menschen. Er muss lernen, keinen Missbrauch – egal in welcher Form– hinzunehmen und sein Selbstwertgefühl zu stärken. Eine Hilfe in schwierigen Situationen ist es, sich aus der Luft, wie über einer Bühne schwebend, zu beobachten. Das gibt Abstand und rückt vieles dahin, wo es hingehört. Man kann mit dieser Methode vieles leichter erkennen, da man sich nicht mehr so in die Situation verstrickt fühlt.

ALLTAG

Ich will nicht so mit mir umgehen lassen und versuche, das Thema immer wieder zu besprechen. Ich halte es nicht mehr länger aus, es geht an meine Substanz. Ich will und ich kann nicht mehr und setze ihn vor die Tür. Er kommt reumütig wieder angekrochen und verspricht mir, sich zu ändern, da ich die Liebe seines Lebens sei. Er könne ohne mich nicht leben, und ich solle ihm etwas Zeit geben, sich zu verändern, er wäre besten Willens. Warum nur lasse ich ihn wieder zur Tür herein? Weil jeder eine zweite Chance verdient hat? Es dauert nicht lange, und es geht wieder von vorne los.

Je nachdem wie weit eine empathische Person entwickelt ist, kann es im Verlauf der Beziehung zu einem Narzissten auch dazu kommen, dass der sensible Mensch explodiert, laut wird und streitet bis hin zur Unsachlichkeit – ein für ihn völlig untypisches Verhalten. Man sollte dies als Weg zur Bewältigung der Abgrenzungsproblematik einstufen, er gehört zum Heilungsprozess dazu. Ein Narzisst lernt nicht aus seinen Fehlern, der Hochsensible und der Empath schon, deshalb ist die Trennung von einem Narzissten notwendig. Das sollte man sich selbst wert sein! Es ist eine Sache der Menschenwürde, sich nicht missbrauchen zu lassen.

Der Narzisst bietet die beste Gelegenheit, eine Abgrenzungsproblematik zu meistern.

Das Abgrenzungsproblem steht immer an erster Stelle, denn das Opfer ist auch noch in der heftigsten Auseinandersetzung bereit, den anderen zu verstehen und sich in ihn hineinzuversetzen. Es sucht den Fehler immer zuerst bei sich und gibt sich selbst die Schuld. Aufgrund dieser Schuldgefühle kann es sich kaum abgrenzen. Zudem leidet es meist an einem Helfersyndrom, versucht dem anderen ständig seine Last abzunehmen. Das Opfer verliert dabei immer mehr die Achtung vor sich selbst und damit seine natürliche Würde. Diese Gefühle halten meistens auch nach der Trennung noch an beziehungsweise tauchen immer wieder auf.

Der Empath fühlt sich verantwortlich für die Launen des anderen. Er lebt mehr in der Welt des Partners oder des Freundes als in seiner eigenen. Selbst wenn der Narzisst nach der Trennung einen neuen Partner hat, fühlt sich der Empath immer noch verantwortlich für sein Wohlergehen, denn er hat ein Selbstfindungsproblem. Also sollte er jegliche Möglichkeit annehmen oder suchen, die ihn seinem Selbst näherbringt.

Ein Empath neigt dazu, sich mit Leuten zu umgeben, die sehr selbstbezogen sind und keine oder kaum eine empathische Veranlagung haben. Er möchte die Welt heilen und fängt an einem der schwierigsten Punkte damit an. Das wird misslingen, denn der Narzisst fühlt sich völlig normal in seiner Haut und will gar nicht geheilt werden. Besser ist es, sich mit Menschen zu umgeben, die in die gleiche Richtung blicken. Keiner kann die Welt heilen, jeder sollte bei sich selbst anfangen. Aber es ist sinnvoll, die Erlebnisse und Schritte mit Menschen zu teilen, die ähnlich ticken wie wir selbst, die auf uns eingehen, die uns verstehen und wissen, was wir meinen.

Der Empath sollte sich und seine Bedürfnisse ernst nehmen.

Der Empath muss erkennen, dass es falsch ist, sich selbst zu schaden. Er muss erst lernen, sich selbst zu schätzen, sonst schafft er es nicht, sich langfristig von einem Narzissten zu befreien. Die eigene Selbstbestimmung geht vor. Man sollte lieber allein bleiben, als das Leben mit solch einem Energieräuber zu verbringen. Der Empath verharrt gerne in einer Mitleidsfalle. Nach der Trennung bemitleidet er nämlich den Narzissten, statt die Verantwortung für dessen Tun bei ihm zu lassen und die Verantwortung für sein eigenes Leben endlich zu übernehmen. Für einen Empathen ist die Gefahr sehr groß, dass er allzu viel Energie in die Beziehung zu einem Narzissten steckt, selbst über die Trennung hinaus, und sich darüber selbst vergisst, bis er nicht mehr in der Lage ist, sich – ohne professionelle Hilfe – auch gedanklich aus dieser Beziehung zu lösen.

Ein bewusstes Leben führen heißt ein glückliches Leben führen, dazu passt kein Narzissmus. Jeder möchte einen Weggefährten, der einen so annimmt, wie man ist.

Warum hat man sich solch eine Beziehung ausgesucht? Warum ist man ausgerechnet auf einen Narzissten getroffen? Ich bin der Meinung, dass immer im Leben genau das Richtige auf einen zukommt. Es sind letzten Endes alles Aufgaben, die zu unserer Entwicklung dazugehören. Wie also bringt mich diese Erfahrung weiter?

Narzissten kreisen nur um sich, die meisten Empathen kreisen ständig um andere. Sie sollten lernen, für sich da zu sein und Verantwortung für sich und ihre Gefühle zu übernehmen. Nur sie selbst können für sich entscheiden, denn nur dann können sie auch die Konsequenzen aus dieser Entscheidung tragen. Damit steigern sie ihr Selbstwertgefühl.

ALLTAG

Ich kann diesen Ausspruch einfach nicht mehr hören: Mit dem Reden kommen die Leute zusammen. Er redet und redet und redet, dazwischen fällt immer wieder dieser Spruch, bis mir herausrutscht: Nicht mit dem Reden, sondern mit dem Zuhören kommen die Leute zusammen!

Der Empath liebt es, dem anderen ein Gefühl von Einheit, Zufriedenheit und Ganzheit zu geben, trotzdem muss die empfindsame Seele des Empathen lernen, sich aufzurichten und sich nicht destabilisieren zu lassen. Er darf nicht erlauben, dass ihm die emotionale Kontrolle abgenommen wird, denn dies führt zu einer Fülle an Erkrankungen wie chronischer Müdigkeit, Depression, Kopfschmerzen, Schlaflosigkeit und vielen psychosomatischen Leiden.

Hat man eine toxische Beziehung endlich beendet und ist einige Zeit vergangen, dann findet man wieder Muße für sich selbst, und irgendwann spürt man geradezu die eigene Energie wieder fließen. Man kann und sollte wieder Dinge unternehmen, die einen selbst interessieren und die einem wichtig sind. Dennoch wird man die Erinnerung an einen Narzissten nicht so schnell los, immer wieder wird man eingeholt davon, in so manch einer Situation, in der man nicht damit gerechnet hätte. Dies gibt einem die Gelegenheit, die Geschehnisse zu verarbeiten, um künftig nicht mehr in eine solche Situation zu geraten beziehungsweise, sollte man wieder einmal auf einen Narzissten hereinfallen, dies sehr früh zu erkennen.

Lernen Sie aus Ihren Erfahrungen.

Nur wenn Sie sich selbst okay fühlen, können Sie andere okay finden. Ich bin okay, du bist okay! Schuldgefühle? Wer ist schuld, wer ist Verursacher? Lernen Sie, sich selbst und auch anderen zu vergeben.

Eric Berne (1910-1970), ein kanadisch-US-amerikanischer Psychiater, versuchte in den Fünfziger- und Sechzigerjahren, ein neues Verhältnis zwischen Patient und Therapeut zu begründen. Er brach mit der etablierten Psychoanalyse und entwickelte die Transaktionsanalyse (TA) in einer bewusst verständlichen Sprache. Die TA ist in den letzten Jahrzehnten beständig weiterentwickelt worden und hat auch viele andere Kommunikationstheorien beeinflusst. Sie bietet Modelle zum Verstehen und Verändern beziehungsweise zum Entwickeln der Persönlichkeit und der Beziehungen zwischen Individuen. Ziel ist eine integrierte, autonome Persönlichkeit mit der Fähigkeit, sich innerhalb ihres sozialen Umfeldes selbstbewusst, achtsam und rücksichtsvoll zu bewegen. Mit dem Mittel der Kommunikation werden Möglichkeiten zur Interpretation und Gestaltung von Realitätswahrnehmung aufgezeigt. Für Transaktionsanalytiker haben Selbstbestimmung, Spontaneität und die Fähigkeit, sich auf die Welt zu beziehen, den höchsten Stellenwert.

Berne entwickelte die TA mithilfe der Beobachtung zwischenmenschlicher Kommunikation. Die dabei ablaufenden Vorgänge nannte er Transaktionen. Sie bezeichnen das bewusste und unbewusste Austauschgeschehen zwischen Menschen und ihrer Umwelt, sowohl verbal als auch nonverbal. Komplexe Abläufe, wie etwa ein immer wieder ähnlich ablaufender Streit, können in solche Transaktionen aufgeteilt und dadurch verständlich gemacht werden. Berne teilte die im Prinzip unendlichen Erlebenszustände eines Menschen in drei Kategorien ein, die er Ich-Zustände nannte. Im Kindheits-Ich können wir abgespeichertes Erleben von früher erneut aktivieren. Wir reagieren uneinsichtig und trotzig und/oder sind albern und unsicher. Aber auch Neugierde und Fantasie können sich in der Kommunikation beim Kindheits-Ich zeigen. Im Erwachsenen-Ich leben wir einen Erlebenszustand, der sich in angemessener Weise vollständig auf das Hier und Jetzt bezieht. Wir behandeln in der Kommunikation unser Gegenüber gleichwertig, respektvoll und argumentieren sachlich und konstruktiv. Im Eltern-Ich-Zustand erleben wir uns auf eine Art und Weise, die wir im Denken und Verhalten von anderen übernommen haben. In der Kommunikation bevormunden wir dabei unser Gegenüber, missbilligen sein Verhalten und/oder geben uns fürsorglich und bemutternd. Diese Ich-Zustände sind Persönlichkeitsanteile, die Muster des Erlebens und Handelns darstellen, wie wir sie wahrnehmen.

Die Kommunikation zwischen zwei Personen gestaltet sich mitunter schwierig, vor allem zwischen hochsensiblen/empathischen und nicht hochsensiblen Personen. Noch undurchsichtiger wird es, wenn ein Narzisst beteiligt ist. Oft liegen dann Verhaltensmuster vor, die uns gar nicht bewusst sind. Befasst man sich mit den vielen Kombinationen und Spielarten der verschiedenen Ich-Zustände wird schnell klar, warum Kommunikation so oft schiefläuft. Spricht eine Person aus ihrem Eltern-Ich: „Hast du schon wieder den Nagel schief eingeschlagen?“, antwortet vielleicht ein Kindheits-Ich mit: „Ich kann das eben nicht.“ Das eine wirkt vorwurfsvoll auf den anderen, wodurch der sich zurückzieht, oder er agiert vorwurfsvoll mit seinem Eltern-Ich zurück.

Hinterfragt man diese Kommunikationsprozesse, wird einem plötzlich bewusst, warum es im Umgang mit anderen Personen zu Missverständnissen kommt. Diese Ich-Zustände sind veränderbar. Mit einiger Übung und Selbstreflexion erkennen wir, auf welcher Ebene wir agieren, und können diese selbst bestimmen. In einer Partnerschaft kann es vorkommen, dass der Mann aus dem Eltern-Ich agiert und Vorschriften macht und die Frau sich das gefallen lässt und mit ihrem Kindheits-Ich antwortet. Im Allgemeinen wird es aber früher oder später zu Unzufriedenheit kommen, die Frau will sich aus der Bevormundung befreien, und/oder der Mann möchte eine Partnerin haben, bei der er das Gefühl hat, dass sie mitdenkt.

Ein Narzisst wünscht keine Kommunikation auf Augenhöhe, er verharrt entweder im Eltern- oder im Kindheits-Ich.

Mit der Transaktionsanalyse zu arbeiten bedeutet, neue Sicht- und Erlebensweisen ganzheitlich zu entwickeln. Mit ihr sollen der jeweiligen Situation angemessene und selbstbestimmte Denk-, Fühl- und Verhaltensmuster entstehen können, zumindest dort, wo alte Muster Einschränkungen und Leiden verursachen.

Heilung nach narzisstischem Missbrauch setzt voraus, wirklich ehrlich mit sich selbst zu sein, zu erkennen, wer man selbst ist. Sich darüber Gedanken zu machen, was man eigentlich will, welchen Job man ausüben möchte, wie man sein Leben gestalten möchte, welche Menschen man in seinem Leben haben möchte, das alles gehört zur Heilung dazu.

Am Ende ist die Beziehung zu einem Narzissten die Gelegenheit, selbst zu wachsen, die eigene Persönlichkeit zu entwickeln und sich seiner eigenen Wichtigkeit bewusst zu werden.

NACHWORT

Narzissmus hat eine sehr große Bandbreite: angefangen bei gesundem Narzissmus, den man als Selbsterhaltungstrieb bezeichnen kann, bis hin zum äußerst krankhaften Narzissmus, der sogar zu Tötungsdelikten führen kann. Dazwischen manifestiert sich jede Menge Leid und Verzweiflung der Opfer.

Zuerst einmal gilt es, diesen Narzissmus zu erkennen, der oft nur verdeckt in Erscheinung tritt. Um ihm gegenübertreten zu können, dazu gehört ein gesundes Maß an Selbstvertrauen. Jedem kann es passieren, in die Fänge eines Narzissten zu geraten. Wie lange es dauert, sich wieder aus ihnen zu befreien, ist allerdings von mehreren Faktoren abhängig. Personen, die nicht selbstständig im Leben stehen, tun sich hiermit besonders schwer. Abhängigkeit vom anderen begünstigt das Leid ungemein und macht eine Trennung problematisch. Sind dazu noch gemeinsame Kinder vorhanden, dann kann sich das Ganze zu einem großen Drama ausweiten.

Eine selbstständige Person, die im Zweifelsfall auch selbst für ihren Lebensunterhalt aufkommen kann, die Verantwortung für sich selbst übernimmt und klar denkt und handelt, wird einen Energieräuber schnell enttarnen und sich von ihm trennen, bevor sie zu sehr in Mitleidenschaft gezogen wird. Auch beruflich wird sie narzisstischen Kollegen klar gegenübertreten und sich nicht alles gefallen lassen.

Es gibt viele verschiedene Wege, auf denen man sich weiterentwickeln kann, um zu reifen und die Verantwortung für das eigene Tun zu übernehmen.

Es gilt, anzufangen und den richtigen Weg zu finden, um glücklich und zufrieden leben zu können.

Silvia Christine Strauch

QUELLENANGABEN

1: www.charite.de/service/pressemitteilung/artikel/detail/veraenderte_anatomie_des_gehirns_bei_pathologischem_narzissmus/ (abgerufen am 01.11.2018)

2: http://www.psyheu.de/4550/die-gefaehrlichste-krankheit/ (abgerufen am 01.11.2018)

3: https://www.therapie.de/psyche/info/index/diagnose/persoenlichkeitsstoerungen/narzissmus/ (abgerufen am 01.11.2018)

4: http://www.scinexx.de/wissen-aktuell-18640-2015-03-06.html (abgerufen am 01.11.2018)

5: https://www.nature.com/articles/s41598-017-03935-y (abgerufen am 02.11.2018)

6: https://www.charite.de/service/pressemitteilung/artikel/detail/foerdern_westliche_gesellschaften_die_auspraegung_von_narzissmus/ (abgerufen am 03.11.2018)

7: https://idw-online.de/de/news672525 (abgerufen am 03.11.2018)

8: https://www.psychiater-im-netz.org (abgerufen am 03.11.2018)

9: https://www.springermedizin.de/offener-und-verdeckter-narzissmus/8285592#pay-wall (abgerufen am 04.11.2018)

https://www.researchgate.net/publication/21194657_Two_Faces_of_Narcissism (abgerufen am 04.11.2018)

10: http://www.medizin-wissen-online.de/index.php/psychiatrie/120-persoenlichkeitsstoerungen/persoenlichkeitsstoerung-allgemein/832-aetiologie-epidemiologie-der-persoenlichkeitsstoerungen (abgerufen am 04.11.2018)

11: http://lexikon.stangl.eu/10881/soziopathie/ (abgerufen am 04.11.2018)

12: Dipl.-Psych. Stefan Hellert, 19. Fachtagung für Beratungsstellen und Sozialdienste am 14. September 2016

13: http://www.enkelfaehig.de/magazine/grenzen/der-narzisst-in-uns/ (abgerufen am 22.11.2018)

14: Ross, T./Fontao, M. I. (2011): Lüge, Täuschung und Narzissmus bei Straftätern und Rechtsbrechern. Persönlichkeitsstörungen, Theorie und Therapie, 15, 121–129

15: Stone M. H. (2014): Extreme des Narzissmus. Psychotherapie, 19. Jahrgang, Bd. 19-1, 151–168

16: Döring, S./Sachse, R. (2008): Psychotherapie bei Persönlichkeitsstörungen, 12–20

17: http://www.narzissmus.org/wie-entsteht-narzissmus/ (abgerufen am 13.11.2018)

18: http://arbeitsblaetter.stangl-taller.at/KOGNITIVEENTWICKLUNG/Narzissmus.shtml (abgerufen am 28.11.2018)

19: https://www.gesundheit-und-wohlbefinden.net/narzisstische-persoenlichkeitsstoerung-ursachen-ausloeser/ (abgerufen am 17.11.2018)

20: https://www.drsyrasderksen.com/blog/seeing-narcissism-in-the-brain?fbclid=IwAR1dNvqNA7TwQfQvVHMweiLd8KVrPVG0mEXaYLWfA7ZFgojOLNrHB1VIPqg (abgerufen am 30.10.2018)

21: http://www.psyheu.de/5602/ursachen-der-gefaehrlichsten-krankheiten/ (abgerufen am 25.11.2018)

22: http://www.empathieakademie.de/empathie-30-ein-ausweg-aus-dem-empathie-paradoxon/ (abgerufen am 23.08.2018)

23: https://www.wicker.de/kliniken/hardtwaldklinik-ii/behandlungsschwerpunkte/erkrankungen-a-z/narzisstische-neurose/ (abgerufen am 06.12.2018)

24: https://de.blastingnews.com/meinung/2017/05/narzissten-empfinden-liebe-anders-001716613.html (abgerufen am 25.07.2018)

25: http://www.psyheu.de/8027/narzissmus-liebe-sexualitaet-partnerschaft/2/ (abgerufen am 03.12.2018)

26: https://www.wissenschaft.de/gesellschaft-psychologie/empathie-welche-rolle-die-gene-spielen/ (abgerufen am 05.12.2018)

27: https://www.therapeutenfinder.com/lexikon/paartherapie-oder-paarberatung.html (abgerufen am 30.06.2018)

28: http://www.narzissmus-verstehen.de/narzissmus-und-liebe/ (abgerufen am 15.07.2018)

29: https://www.kurtovic.at/narzissmus/ (abgerufen am 26.06.2018)

30: https://umgang-mit-narzissten.de/therapieformen-bei-narzissmus/ (abgerufen am 26.06.2018)

31: https://www.welt.de/regionales/hamburg/article2253721/Neue-Therapie-hilft-Narzissmus-Patienten.html (abgerufen am 26.06.2018)

32: Dipl.-Psych. Andreas Jung: Narzissten in der Suchttherapie: Therapie-(miss)-erfolge mit kränkbaren Klienten, Vortrag in der AHG Klinik Münchwies

33: https://www.thieme.de/de/psychiatrie-psychotherapie-psychosomatik/behandlung-narzisstischer-persoenlichkeitsstoerungen-89327.htm (abgerufen am 08.12.2018)

34: https://www.neurologen-und-psychiater-im-netz.org/psychiatrie-psychosomatik-psychotherapie/ratgeber-archiv/meldungen/article/narzisstische-persoenlichkeitsstoerung-kann-leben-von-betroffenen-stark-dominieren/ (abgerufen am 08.12.2018)

35: https://www.heilpraxisnet.de/naturheilpraxis/narzissmus-narzissten-leiden-erst-am-abgrund-90185064.php (abgerufen am 09.12.2018)

https://www.aerzteblatt.de/archiv/165552/Narzisstische-Persoenlichkeitsstoerung-Erkrankung-mit-vielen-Facetten (abgerufen am 09.12.2018)

36: https://www.narzissmus.net/die-narzisstische-personlichkeitsstorung-in-der-psychotherapie-kurzinformation/ (abgerufen am 10.12.2018)

37: https://www.profil.at/gesellschaft/interview-otto-kernberg-psychiater-welt-5664082 (abgerufen am 06.12.2018)

LITERATUR

Berne, E. (1975): What Do You Say After You Say Hello

Birkenbihl, V. (2013): Kommunikationstraining: Zwischenmenschliche Beziehungen erfolgreich gestalten

Dieckmann, E. (2011): Die narzisstische Persönlichkeitsstörung mit Schematherapie behandeln

Endres, C. (2013): Die Transaktionsanalyse nach Eric Berne als Unterstützung am Arbeitsplatz

Forward, S. (1993): Vergiftete Kindheit: Elterliche Macht und ihre Folgen

Forward, S. (2000): Emotionale Erpressung: Wenn andere mit Gefühlen drohen

Grunberger, B. (1982): Vom Narzißmus zum Objekt

Hadorn, R. (1984): Narziß. Der Mythos als Metapher von Ovid bis heute

Harris, T. A. (1976): Ich bin o.k. – Du bist o.k.

Hirigoyen, M.-F. (2002): Die Masken der Niedertracht: Seelische Gewalt im Alltag und wie man sich dagegen wehren kann

Jaremkof, D. (2009): Narzissmus bei Führungskräften

Kernberg, O. F. (2009): Narzissmus, Aggression und Selbstzerstörung: Fortschritte in der Diagnose und Behandlung schwerer Persönlichkeitsstörungen

Lammers, C.-H. (2014): Psychotherapie narzisstisch gestörter Menschen: Ein verhaltenstherapeutisch orientierter Therapieansatz

Lasch, C. (1988): Das Zeitalter des Narzißmus

Lowen, A. (1992): Narzißmus

Navarro, J. (2010): Menschen lesen: Ein FBI-Agent erklärt, wie man Körpersprache entschlüsselt

Richter, J. (2012): Psychische Störungen – Narzisstische Persönlichkeitsstörung

Röhr, H.-P. (2005): Narzißmus: Das innere Gefängnis

Röhr, H.-P. (2011): Narzissmus – Dem inneren Gefängnis entfliehen

Sachse, R. (2002): Histrionische und Narzisstische Persönlichkeitsstörungen

Sachse, R. (2010): Persönlichkeitsstörungen verstehen: Zum Umgang mit schwierigen Klienten

Schmidbauer, W. (2005): Therapy on demand: Narzissmus und bedarfsorientierte Psychotherapie

Symington, N. (2012): Narzissmus: Neue Erkenntnisse zur Überwindung psychischer Störungen

Wahl, H. (1985): Narzißmus

Wardetzki, B. (2007): Weiblicher Narzissmus: Der Hunger nach Anerkennung

Wiesse, J. (2000): Identität und Einsamkeit. Zur Psychoanalyse von Narzißmus und Beziehung

Wirth, H.-J. (2002): Narzissmus und Macht. Zur Psychoanalyse seelischer Störungen in der Politik